Tucholsky Wagner Zola Scott Sydow Freud Schlegel
Turgenev Wallace Fonatne
Twain Walther von der Vogelweide Fouqué Friedrich II. von Preußen
Weber Freiligrath Frey
Fechner Fichte Weiße Rose von Fallersleben Kant Ernst Frommel
Richthofen
Engels Fielding Hölderlin
Fehrs Faber Flaubert Eichendorff Tacitus Dumas
Eliasberg Ebner Eschenbach
Feuerbach Maximilian I. von Habsburg Fock Eliot Zweig
Ewald Vergil
Goethe Elisabeth von Österreich London
Mendelssohn Balzac Shakespeare
Lichtenberg Rathenau Dostojewski Ganghofer
Trackl Stevenson Doyle Gjellerup
Mommsen Tolstoi Hambruch
Thoma Lenz Hanrieder Droste-Hülshoff
Dach Verne von Arnim Hägele Hauff Humboldt
Reuter Rousseau Hagen Hauptmann
Karrillon Garschin Gautier
Damaschke Defoe Hebbel Baudelaire
Descartes Hegel Kussmaul Herder
Wolfram von Eschenbach Dickens Schopenhauer
Darwin Melville Grimm Jerome Rilke George
Bronner Bebel Proust
Campe Horváth Aristoteles
Bismarck Vigny Barlach Voltaire Federer Herodot
Gengenbach Heine
Storm Casanova Tersteegen Gilm Grillparzer Georgy
Chamberlain Lessing Langbein Gryphius
Brentano Lafontaine
Strachwitz Claudius Schiller Kralik Iffland Sokrates
Katharina II. von Rußland Bellamy Schilling
Gerstäcker Raabe Gibbon Tschechow
Löns Hesse Hoffmann Gogol Wilde Gleim Vulpius
Luther Heym Hofmannsthal Klee Hölty Morgenstern
Roth Heyse Klopstock Goedicke
Luxemburg Puschkin Homer Kleist
La Roche Horaz Mörike Musil
Machiavelli Kierkegaard Kraft Kraus
Navarra Aurel Musset
Nestroy Marie de France Lamprecht Kind Kirchhoff Hugo Moltke
Laotse Ipsen Liebknecht
Nietzsche Nansen
Marx Ringelnatz
von Ossietzky Lassalle Gorki Klett Leibniz
May Irving
vom Stein Lawrence
Petalozzi Knigge
Platon
Sachs Poe Pückler Michelangelo Kock Kafka
Liebermann Korolenko
de Sade Praetorius Mistral Zetkin

Festrede zur fünfhundertjährigen Jubelfeier der Unversität Leipzig

Mit einem Anhang: Die Leipziger Immatrikulationen und die Organisation der alten Hochschule

Wilhelm Maximilian Wundt

Impressum

Autor: Wilhelm Maximilian Wundt
Umschlagkonzept: toepferschumann, Berlin

Verlag: tradition GmbH, Hamburg
ISBN: 978-3-8424-9453-4
Printed in Germany

Vorwort

Der Unterzeichnete ist von dem akademischen Senat beauftragt worden, bei dem am 30. Juli 1909, dem zweiten Tag der fünfhundertjährigen Jubelfeier unserer Hochschule, stattfindenden Festakt die Festrede zu halten. Infolge der Eingliederung dieser Rede in eine längere Feier mußte der Text im mündlichen Vortrag stark gekürzt werden. Da nun aber die hinweggelassenen Ausführungen immerhin manches enthalten dürften, was für die Freunde unserer Hochschule, sowie für solche, die an der Geschichte unserer Universitäten und an der Frage ihrer künftigen Weiterentwicklung Anteil nehmen, von Interesse ist, so habe ich mich entschlossen, hier jenen erweiterten Text der Öffentlichkeit zu übergeben. Zugleich hat mir dies Anlaß geboten, einige nun bereits um zwanzig Jahre zurückliegende, aus Anlaß des Jubiläums aber neu aufgenommene Studien über die Statistik unserer Immatrikulationen in ihren Beziehungen zur Organisation der alten Hochschule in einem Anhange beizufügen.

Leipzig, Ende Juli 1909.

W. Wundt.

Festrede

Rector Academiae Serenissime Magnificentissime!

Durchlauchtigste Fürsten und Fürstinnen!

Hohe Festversammlung!

Eine Stunde, die der Erinnerung an die Tage geweiht ist, da unsere Universität auf dem Boden dieser Stadt und unter dem Schutz der Fürsten der sächsischen Lande ins Leben trat, scheint vor anderem dazu angetan, der wechselvollen Schicksale zu gedenken, die diese Schöpfung in dem nunmehr abgeschlossenen halben Jahrtausend ihrer Geschichte durchlebt hat. Doch wenn wir heute die akademische Welt mehr als zuvor von Fragen und Sorgen um die Zukunft unserer hohen Schulen bewegt sehen, so möchte es manchem vielleicht zeitgemäßer erscheinen, den Blick nicht der Vergangenheit, sondern den neuen Aufgaben zuzuwenden, die uns bevorstehen. Ist es doch, als sei das geistige Leben der Nation heute von einer Strömung getragen, die nicht minder umgestaltend auf unsere Hochschulbildung einzuwirken strebt, wie dies um die Wende des 15. und 16. Jahrhunderts, bald nach der Gründung der älteren deutschen Hochschulen geschah, als die Stürme sich vorbereiteten, die den Bau der scholastischen Universitäten des Mittelalters in Trümmer legen sollten, um auf seinen Grandlagen die neue Universitas literarum erstehen zu lassen, in der wir heute leben und wirken.

An solchem Wendepunkt der Zeiten kann aber auch eine Stunde wie diese an das Wort gemahnen, in dem der große Sohn dieser Stadt und dieser Hochschule, Leibniz, den Ertrag seines Nachdenkens über den Lauf der Geschichte zusammenzufassen liebte: "Die Vergangenheit ist überall schon erfüllt von der Zukunft"! Was heute geschieht – so dürfen wir wohl dies Wort umschreiben – ist vorbereitet in der Lebensarbeit vergangener Geschlechter; und gelingt es uns, die Richtlinien zu ziehen, die das Entschwundene mit der Gegenwart verbinden, so werden uns diese Linien vielleicht auch den Weg in die Zukunft zeigen.

In der Tat gibt es wohl keine deutsche Hochschule, die zu solch vergleichenden Betrachtungen zwischen dem Sonst und dem Jetzt mehr herausforderte als die unsere. Spiegelt sich doch in ihrer Geschichte in einem mehr als anderwärts durch starke Kontraste gehobenen Bilde die gesamte Entwicklung der deutschen Universitäten. Schon ihre Gründung ist wegweisend für die Schicksale der kommenden Jahrhunderte. Sie ist nicht, wie ihre Mutteruniversität Prag und die anderen älteren Hochschulen Deutschlands, eine von Kaiser und Papst oder von Landesfürsten und Städten unter päpstlicher und kaiserlicher Genehmigung erfolgte Stiftung; sondern sie ist von den Studenten und Professoren selbst gegründet worden, die sich diese Stadt zum Sitz ihrer künftigen Studien erkoren. Ein echt mittelalterliches Bild entrollt sich vor unserem Auge in jenem Zug von Prag ausgewanderter Scholaren und ihrer Magister. Wohl hatten ähnliche Wanderungen im 12. und 13. Jahrhundert zur Gründung italienischer Stadtuniversitäten den Anstoß gegeben. In Deutschland, wo erst von der zweiten Hälfte des 14. Jahrhunderts an die Hochschulen nach den fertigen Vorbildern des Auslandes durch die Initiative weltlicher und geistlicher Fürsten entstanden, ist diese Selbstgründung eine alleinstehende Erscheinung. Nachdem von den aus Prag Ausgezogenen eine kleine Schar von kaum vierhundert Köpfen nach freier Wahl in dieser aufblühenden, im Mittelpunkt der großen Verkehrsstraßen liegenden Handelsstadt festen Fuß gefaßt hatte, bedurfte es dann freilich auch hier der fürstlichen Hilfe und der päpstlichen Sanktion zur Vollendung und Sicherung der neuen Schöpfung. Beides fehlte nicht. Den fürstlichen Brüdern Friedrich und Wilhelm, Landgrafen von Thüringen und Markgrafen von Meißen, mochten die Eingewanderten einen willkommenen Anlaß bieten, auch ihre Staaten mit dem Glanze eines Studium generale zu schmücken. Sie beschenkten die neue Universität mit Kollegienhäusern und Einkünften und mit Privilegien und Rechten, wie sich solcher auch die älteren Universitäten erfreuten. Aber jene Gründung nach eigener Wahl bezeichnete doch einen wichtigen Unterschied, der bis tief in das 19. Jahrhundert hinein dieser Universität eine Sonderstellung gegenüber ihren deutschen Schwesteranstalten gegeben hat. Die sächsischen Fürsten fühlten sich als Schützer und Nutritoren der Hochschule. Wo es not tat, da sprachen sie wohl einmal ein gewichtiges Wort mit bei der Abstellung dringender Mißstände oder bei der Ausgleichung von Streitigkeiten mit der Stadt. Im allgemeinen aber mischten sie sich in die inneren Angelegenheiten der Korporation nicht ein. Denn ihnen galt nicht, wie das anderwärts geschah, die Universität als eine von der absoluten Fürstengewalt, die sie ins Leben gerufen, abhängige Schöpfung, sondern als ein selbständiges Gemeinwesen, dessen Verfassung ohne seine eigene Zustimmung zu ändern sie als widerstreitend der übernommenen Pflicht, die Beschirmer der Rechte der Korporation zu sein, empfunden haben würden. Diese Rechte aber waren in dem Statutenbuch niedergelegt, das die Eingewanderten von Prag mitgebracht; und jedes neue Mitglied hatte bei der Immatrikulation zu schwören, daß es die darin verzeichneten Ordnungen befolgen und schützen wolle. So war diese Hochschule durch die Art ihrer Gründung mit einer Autonomie ausgestattet, wie sie keine andere deutsche Universität besessen hat, und nicht zum geringsten Teil trug diese Autonomie in sich selbst die Bürgschaft ihrer Erhaltung. Denn fortan galt es als eine unantastbare Norm, jede Änderung der bestehenden Verfassung müsse aus dem freien Willen der Korporation hervorgehen. Noch im Jahre 1830, als endlich die Erkenntnis gereift war, daß die Universität aus dem Staat im Staate, der sie nahezu gewesen, in ein Organ des Staates sich umwandeln müsse, hat sie selbst das Statut ausgearbeitet, das dieser neuen Ordnung der Dinge als Grundlage dienen sollte. So verdankt unsere Hochschule ihre lange bewahrte und heute noch in den Traditionen der Sitte und des Herkommens nachwirkende Selbständigkeit schließlich jener Schar fahrender Schüler, die hier vor fünfhundert Jahren die Stätte fanden, wo sie unter dem Schutze eines den Studien allezeit geneigten Fürstengeschlechts diese Schöpfung ins Leben riefen.

Gleichwohl würde es irrig sein, wollte man in jenen Vorgang freier korporativer Gründung moderne Anschauungen hinübertragen und in ihm etwa die Äußerung eines freieren, über den Geist der mittelalterlichen Universitäten hinausgehenden Strebens erblicken. Genau das Gegenteil ist richtig. Die deutschen Studenten und ihre Lehrer waren von Prag weggezogen, weil sie den tschechischen Übergriffen gegenüber an den alten Ordnungen der Hochschule festhielten, und weil sie als treue Söhne der Kirche der hussitischen Lehre, die unter den Böhmen um sich gegriffen, widerstrebten. Erhalten, nicht umstürzen wollten sie das Bestehende. Darum nahmen sie das alte Statutenbuch in die neue Heimat mit, und klerikal, wie es Prag und Paris gewesen, wurde zunächst der Charakter der neuen Hochschule: Kleriker die Doktoren und die Magister, wirkliche oder künftige Kleriker die Scholaren, Kleriker ursprünglich auch der Jurist und der Mediziner, – alle Studien Vorbereitungen zur Theologie oder deren für das weltliche Leben unentbehrliche Ergänzungen. Den konservativen Geist gegenüber neu sich regenden geistigen Strömungen, der den älteren deutschen Universitäten überhaupt eigen ist, zeigt so die unsere von Anfang an stärker ausgeprägt als die meisten anderen. Überall hat sie neuen Ideen nur zögernd den Zugang gestattet, und das schon im 16. Jahrhundert geprägte Wort "Lipsia vult exspectari": ist mit einigem Wandel der Bedeutungen bis in das neunzehnte oft und nicht mit Unrecht gebraucht worden. Dem eindringenden Humanismus hat Leipzig einen langen und zähen Widerstand geleistet. Der Reformation hat es sich verhältnismäßig spät erst zugewandt. Gegenüber der neuen Naturwissenschaft und Philosophie ist es auffallend lange hinter dem Bollwerk der Aristotelischen Physik und Metaphysik verschanzt geblieben. Ein merkwürdiger Kontrast zu dem bewegten internationalen Treiben der umgebenden Handelsstadt mit ihren Messen und Märkten und dem früh schon in ihr sich entwickelnden Emporium des Buchdrucks und Buchhandels!

Selbst nachdem er aus dem Lehrbetrieb und der wissenschaftlichen Arbeit verschwunden war, hat sich unsere Universität in den äußeren Formen ihres Lebens diesen konservativen Zug durch die Jahrhunderte bewahrt. So ist die alte dem internationalen Charakter der mittelalterlichen Hochschule eigene Scheidung der Lehrer und Schüler in Nationen, eine Einrichtung, die die andern deutschen Universitäten teils nie gekannt, teils längst beseitigt hatten, bei uns bis zum Jahre 1830 erhalten geblieben. Dem internationalen Wesen der mittelalterlichen Hochschule, in der die Fakultäten ursprünglich nur Stufen eines einzigen bis zur Theologie aufsteigenden Lehrganges bildeten, entsprach diese Scheidung. Für die neueren Universitäten, bei denen frühe schon die Teilung der wissenschaftlichen Berufe zur vorherrschenden Geltung gelangte, war sie bedeutungslos geworden. Auch war es ein seltsamer Kontrast, wenn die kleine Landesuniversität, die Leipzig in der ersten Hälfte des 19. Jahrhunderts geworden war, unter ihre vier Nationen fast die ganze Kulturwelt verteilte. Bis zur gleichen Zeit, wie diese mittelalterliche Gliederung nach Nationen, blieb aber auch der alte Name der "Universitas scholastica" im offiziellen Gebrauch bestehen, um von da an erst durch den anderwärts längst üblich gewordenen der "Universitas literarum" ersetzt zu werden. Noch heute besitzen wir die wohltätige Einrichtung des für die minderbemittelten unserer Musensöhne bestimmten Konvikts im wesentlichen genau in den Formen, in denen sie um die Mitte des 16. Jahrhunderts aus den ehemaligen Bursenkonvikten hervorging. Nur die Wappen der Nationen, die einst auf die zum Mahle Versammelten herabblickten, sind mit den Nationen selber verschwunden. Auch der Famulus des mittelalterlichen Magisters in seinem Beruf, den Verkehr des Professors mit seinen Studenten zu vermitteln, ist uns heute noch eine wohlbekannte Erscheinung. Und wenn am Jahresfest unserer Hochschule mit den sonstigen Insignien seiner Würde und der wertvollen Kette, die vor wenig Dezennien König Johann gestiftet, der abgehende dem neugewählten Rektor das Statutenbuch vom Jahre 1554 überreicht, das natürlich längst nicht mehr gilt, so ist diese symbolische Handlung ein sprechendes Bild jener Mischung von

Altem und Neuem, die uns noch in so manchen anderen Sitten unseres akademischen Lebens begegnet.

In dieser Bewahrung des Überkommenen, auch wo es seiner einstigen Bedeutung verlustig gegangen, äußert sich aber zugleich das stolze Bewußtsein korporativer Selbständigkeit, das unserer Hochschule von ihrem Ursprung an eingepflanzt war. Schon das erste der fünf Jahrhunderte ihrer Geschichte zeigt dies nicht bloß in der unaufhörlichen Fehde mit der ebenfalls durch mannigfache Privilegien bevorzugten Stadt. Solche Fehden bilden ja auch sonst die ständigen Kapitel in der älteren Geschichte unserer Universitäten. Hier aber werden sie mit einer gesteigerten Erbitterung geführt, die in wiederholten blutigen Straßentumulten der Magister und Scholaren auf der einen, der Bürger und Handwerksgesellen auf der anderen Seite sich austobt. In ernsteren Kämpfen verteidigt jedoch die Universität ihre Rechte gegen den Herzog selbst und seine Räte und gegen den päpstlichen Kanzler, den Bischof von Merseburg. So in einem denkwürdigen Streit vom Jahre 1446, wo die Lehrer der Hochschule dem in der Pleißenburg residierenden Kurfürsten Friedrich mit trotziger Rede entgegentreten, indes den Fürsten seine Begleiter zur gewaltsamen Unterwerfung der Widerspenstigen drängen und lärmende Studentenscharen die Burg bedrohen. Aber der Kurfürst läßt Milde walten, und die alten Rechte der Hochschule bleiben unangetastet. Dieser Vorgang ist typisch geworden für ähnliche Ereignisse späterer Zeit. Immer waren es die Fürsten dieses Landes, die, eingedenk der Schutzpflicht, die sie bei der Gründung der Hochschule übernommen, die Rechte dieser gewahrt wissen wollten.

Dieses Festhalten an den überlieferten Ordnungen führte dann freilich als eine unvermeidliche Folge auch das Beharren bei dem alten wissenschaftlichen Lehrbetriebe mit sich, in dem unsere Hochschule ebenso wie in ihrer äußeren Organisation lange Zeit den Geist mittelalterlicher Gebundenheit bewahrt hat. Noch Jahrhunderte hindurch bewegt sich ihr inneres Leben in den Formen des alten Korporationswesens. Die Mitglieder bilden, abgesehen von einem wechselnden Strom wandernder Scholaren, deren unruhiger Geist sie von einer Universität zur anderen treibt, eine geschlossene Gemeinschaft, in der der Schüler allmählich zum Lehrer wird: der Scholar zum Baccalar und Magister oder, wenn's hoch kommt, zum

Doktor, einer Würde, an der ursprünglich die Mitglieder der philosophischen Fakultät keinen Teil haben. Und der Lehrstoff ist die festüberlieferte scholastische Wissenschaft, innerhalb deren jeder fähig werden soll, jedes Fach zu lehren, so daß die Gegenstände entweder durch das Los alljährlich verteilt werden oder in regelmäßigem Wechsel innerhalb der Gelehrtenzunft umlaufen. Diese Wissenschaft ist aber nicht mehr die Scholastik des 12. und 13. Jahrhunderts, die an der Wiege der früheren Universitäten der romanischen Länder, vor allen Italiens, gestanden, jenes für seine Zeit bewundernswerte Lehrgebäude, wie es in einer großartigen Synthese der neuerschlossenen Kenntnis der aristotelischen Schriften und der älteren kirchlichen Philosophie errichtet worden war. Es ist auch nicht mehr die Scholastik des 14. Jahrhunderts, wie sie sich in der mit allen Mitteln einer in fortdauernder Übung gesteigerten dialektischen Kunst in den Kämpfen der gelehrten Dominikaner und Franziskaner um die Grenzfragen des Glaubens und Wissens gemüht hatte, – sondern es ist die erstarrte Scholastik, die als das dürftige Gerüst eines unverändert von Generation zu Generation vererbten Lehrstoffs von jener für die Kultur ihrer Zeit hochbedeutsamen kirchlichen Wissenschaft übriggeblieben war. Nur zu leicht sind wir geneigt, mit dem Gedanken der ersten Anfänge unserer Hochschulen nach sonstigen Analogien den eines Aufblühens der von ihnen gepflegten Wissenschaft zu verbinden. Nichts ist irriger als dies. Aus dem Bedürfnis der in den Klöstern entstandenen, nach freierer Betätigung strebenden Wissenschaft waren die ersten Universitäten der romanischen Länder hervorgegangen. Wie jene Wissenschaft mit den Schriften ihres führenden heidnischen Philosophen weltlichen Interessen zugänglich geworden war, so strebten ihre Vertreter unaufhaltsam hinaus in das öffentliche Leben, und der aus der strengen Zucht der Klosterschule befreite, von einer Hochschule zur andern wandernde Scholar ist so zu einer typischen Gestalt in der Schar der fahrenden Leute geworden. Die deutschen Hochschulen haben zwar die ungebundene Art der fahrenden Schüler unverkürzt und nicht selten wohl gesteigert durch die alte germanische Trink- und Rauflust übernommen. Doch die Wissenschaft, die überliefert ward, hatte sich überlebt. Sie war zu einem toten Lehrstoff geworden, der nur noch einem in spitzfindigen Distinktionen und Disputationen sich ergehenden logischen Formalismus Raum ließ. So ist es das Schicksal der deutschen Universitäten gewesen, daß ihre Entwicklung mit einer Periode des Verfalls der Wissenschaft beginnt. Zwei große geistige Bewegungen waren es erst, die sie dem Schlummer, in den sie die Aufnahme einer absterbenden Wissenschaft versenkt hatten, entrissen. Die eine dieser Bewegungen war der Humanismus; die andere, die weit später eingesetzt hat, war die neue Naturwissenschaft. Der Humanismus hat die scholastische Form zerbrochen. Er hat für die Sprachen und Literaturen der alten Welt den Sinn neu erschlossen. Doch den scholastischen Stoff des Wissens ließ er im wesentlichen unangetastet; und als in der Reformation die religiösen Interessen wieder die Vorherrschaft über die Gemüter gewannen, da fügten sich auch die Universitäten ohne sonderliches Widerstreben nochmals dem scholastischen Lehrbetrieb. Erst als vom Beginn des 18. Jahrhunderts an der bis dahin außerhalb der Universitäten stehenden neuen Naturwissenschaft und der in ihr wurzelnden neuen Philosophie der Zugang eröffnet wurde, hat die deutsche Hochschule begonnen, sich zu unserer heutigen Universitas literarum zu entwickeln. So ist diese nicht aus einem organischen Wachstum in ihr selbst liegender Keime hervorgegangen, sondern sie hat in einem lange dauernden Kampf lebensunfähig gewordener Formen gegen von außen zugeführte neue Ideen sich emporringen müssen; und den Hochschulen als den Hüterinnen des bestehenden Wissens ist nur zu oft die wenig erfreuliche Rolle zugefallen, eine unhaltbar gewordene Position so lange zu verteidigen, bis schließlich sie selbst der jugendlicheren Kraft dieses Neuen erlagen.

Daß sich in Leipzig die Scholastik länger als an den meisten anderen Universitäten erhalten hat, brachte aber der mit ihrer äußeren Autonomie eng verbundene konservative Geist der Hochschule mit sich. Während vom Ende des 15. und besonders vom Beginn des 16. Jahrhunderts an selbst an den älteren Universitäten, in Basel, Heidelberg und in dem nahen Erfurt, die humanistische Bewegung längst Eingang gefunden, galt neben Köln vor anderen Leipzig als eine Hochburg der Scholastik. Als Herzog Georg, der in seinen jungen Jahren der neuen Richtung geneigt war, mehrere Humanisten hierher sandte, verschloß diesen die Universität ihre Pforten. Wie spotteten da die Erfurter Poeten, ein Ulrich Hutten, ein Crotus Rubianus mit ihren Genossen, der rückständigen Hochschule! Von jenen "Briefen der Dunkelmänner", in denen die Erfurter Humanisten die Geißel ihrer Satire über das verwelschte Latein und das wüste Treiben der veralteten Universitäten schwingen, sind gleich die ersten dieser angeblich von scholastischen Magistern und Baccalaren geschriebenen Briefe aus Leipzig datiert. Da ergehen sich, während die Welt von der neuerwachten Begeisterung für die Poesie der Alten und von dem Streben es ihr gleich zu tun erfüllt ist, die Leipziger in langwierigen Disputationen, ob man einen Mann, der fähig sei, vom Magister zum Doktor der Theologie befördert zu werden, einen Magister nostrandus oder einen Noster magistrandus nennen solle, und über ähnliche nichtige Fragen, indes sie sich in sogenannten "Aristotelischen Schmäusen" an Einbecker und Naumburger Bier oder, wenn's hoch hergeht, an Malvasier und Rheinwein vergnügen, oder sich auch, wenn die Disputation zu hitzig wird, mit ihren Bierkrügen die Köpfe zerschlagen. Vielleicht mag es in Erfurt nicht viel besser gewesen sein. Aber unsere Akten bezeugen es leider, daß das Bild, das die Erfurter Poeten von dem Tun und Treiben unserer vormaligen Kollegen entwerfen, keineswegs erdichtet ist. Wenn nächtliche Straßenkämpfe zwischen Studenten und Handwerkern zu Zeiten ein gewöhnliches Schauspiel sind, und wenn die Relegationen um solchen Unfugs willen, die gelegentlich auch die Magister treffen, eine für heutige Gewohnheiten erschreckende Zahl erreichen, so sind das unverwerfliche Zeugnisse. An der Leipziger Hochschule mochten ohnehin die Sitten jener fahrenden Schuler, die sie gegründet, immer noch nachwirken.

Wohl fehlt es auch in dieser für den wissenschaftlichen Geist unserer Hochschule trüben, noch dazu des öfteren durch Krieg und Pest bedrängten Zeit nicht an einzelnen Lichtblicken. Die großmütigen Schenkungen, mit denen Herzog Moritz der Universität in den Tagen ihres schwersten Ringens um die Existenz zu Hilfe kam, vor allem die Überweisung der ausgedehnten Räume des alten Dominikanerklosters, auf dessen Boden wir heute noch stehen, diese von der Universität im treuen Gedächtnis bewahrten Taten, in denen der ritterliche Fürst das von ihm gesprochene Wort wahr machte, die Universität solle erkennen, daß sie ihm lieb sei, sie boten zuerst die Mittel zu ihrer Erhaltung in schwerer Zeit und dann die Grundfesten ihrer künftigen Erneuerung. Neben dem Bilde des tapferen Herzogs darf aber auch das des tapferen Rektors nicht fehlen. In

Kaspar Borner, der dem Fürsten in dessen Fürsorge für die Hochschule als Ratgeber zur Seite stand, war noch einmal einer jener ihre ganze Kraft und ihr eigenes Leben für das Wohl der Gemeinschaft einsetzenden Männer erstanden, wie sie wohl das korporative Leben der Vergangenheit in seiner Blütezeit gekannt hatte, wie sie aber aus den in eigennützigem Streben und kleinlichem Zwist befangenen alternden Korporationen verschwunden waren. Mit eiserner Beharrlichkeit hielt er den errungenen Besitz, der die Universität auf Jahrhunderte hinaus zu der begütertsten des Reiches machte, gegen den anstürmenden Adel der Landschaft und gegen die ihren Anteil begehrende Stadt fest, und als bei der Belagerung Leipzigs im Frühling des Jahres 1547 aus der in ihren Höfen und Lehrräumen von den Bauern der Umgebung erfüllten Universität alle anderen Lehrer mit ihren Schülern geflohen waren, da blieb er allein zurück, bis ihn die in der Stadt wütende Epidemie hinwegraffte. Und dieser echte Repräsentant alten Gemeinschaftssinnes hatte zugleich ein offenes Auge für die Bedürfnisse der Zukunft. Er hatte den Humanisten die Pforten der Universität geöffnet. Im Verein mit einem ihrer hervorragendsten Vertreter, mit dem durch seine pädagogischen Reformen weit berühmten Joachim Camerarius, hatte er der Hochschule ein neues Statut gegeben, das an die Stelle des alten Systems der unter den Mitgliedern der Artistenfakultät herumwandernden Aristotelischen Schulfächer die neue Einrichtung der Fakultätsfächer und der für sie dauernd geschaffenen Professuren einführte.

Doch diese wichtige Reform trug noch keine dauernden Fruchte. So reich gesegnet die Tätigkeit des Camerarius durch die Entwerfung der Lehrpläne für die von Kurfürst Moritz gestifteten sächsischen Landesschulen in Pforta, Meißen und später in Grimma gewesen ist, indem sie das gelehrte Mittelschulwesen unseres Landes auf lange hinaus zu einem Muster deutscher Gymnasialbildung gemacht hat, bei der Universität verwehten die Spuren seines Wirkens nur zu bald im Drange der Zeiten. Schon in der zweiten Hälfte des Jahrhunderts gewannen mit der alten Abschließung der Körperschaft auch die alte Weise des zünftigen Aufrückens und der scholastische Lehrbetrieb wieder die Herrschaft. Es war die Zeit, da die Spötter diese Hochschule eine Anstalt zur Altersversorgung nannten, weil man ihr nachsagte, ein Magister, also nach heutiger

Bezeichnung ein Professor der philosophischen Fakultät, pflege, nachdem er mit Privatlektionen und Pensionstischen für wohlhabende Studenten notdürftig sein Leben gefristet, erst dann in den Besitz eines festen Gehalts zu gelangen, wenn er bereits dienstuntauglich geworden sei. Auch erließ noch zu Anfang des 17. Jahrhunderts der Senat strenge Weisungen an die Dozenten, wonach jede andere Philosophie außer der scholastischen bei Strafe verboten sein sollte. Als dann aber vollends die Schrecken des dreißigjährigen Krieges hereinbrachen, mußte die Universität mit ihren verwaisten Hörsälen froh sein, daß ihr der erworbene Besitz wenigstens die Fortexistenz sicherte, die freilich zu Zeiten hier wie anderwärts zu einer bloßen Scheinexistenz geworden war. Da boten dann wohl einen schwachen Ersatz für die ausbleibenden Studenten die zahlreichen Kinder, die von ihren Eltern um des Schutzes willen, den die privilegierte Körperschaft vor allem in Kriegszeiten gewähren mochte, in das Album der Universität eingetragen wurden. Nun kamen Jahre, in denen neben 10 bis 12 erwachsenen Studenten, von denen man vielleicht annehmen kann, daß sie dann und wann Vorlesungen besuchten, 500–600 Kinder Aufnahme in den Schoß unsrer Alma Mater fanden. Aus der Altersversorgung, die diese einige Jahrzehnte früher gewesen, schien sie zu einer Kinderbewahranstalt geworden zu sein. Noch als sich nach dem Frieden da und dort schon wieder ein freierer Geist zu regen begann, hat diese schwere Zeit hier ihre Schatten geworfen. Leibniz preist sich glücklich, daß er in seiner jungen Stndentenlaufbahn auf ein Semester Leipzig mit Jena vertauschen durfte, wo er in einzelnen Lehrern wenigstens ein Streben über Aristoteles und Euklid hinauszugehen vorfand. Und wenn er einige Jahre später im Grunde froh zu sein scheint, daß ihm die heimische Juristenfakultät den Doktorgrad versagt, weil die Reihe der auf Beförderung harrenden jungen Assessoren schon zu groß sei, so sieht man hieraus, daß auch die alte Sitte des Aufrückens in der zunftmäßig geschlossenen Fakultät noch nicht ganz verschwunden war. Welches Entsetzen mußte da die alten Doktoren und Magister erfassen, als wenige Dezennien später der jugendlich kecke Christian Thomasius statt im schwarzen Talar, wie es die Sitte der Zeit gebot, im bunten Gewand und mit dem Degen an der Seite auf dem Katheder erschien, und als – eine merkwürdige Ironie des Schicksals, daß es gerade auf dieser konservativsten aller Hochschulen geschah, – wohl zum erstenmal an dem schwarzen Brett einer deutschen Universität die Ankündigung eines Kollegs in deutscher Sprache von desselben Thomasius Hand angeschlagen wurde. Da war freilich seines Bleibens nicht länger in Leipzig. Er wie der ihm befreundete fromme August Hermann Francke, der der hier herrschenden starren Orthodoxie weichen mußte, wandten ihre Schritte nach Halle, wo vor allem unter Thomasius' Mitwirkung die neue kurbrandenburgische Hochschule entstand.

In dem Wettkampf, der sich jetzt vom Beginn des 18. Jahrhunderts an zwischen den drei Nachbaruniversitäten Leipzig, Wittenberg und Halle entwickelte, zu denen später noch Göttingen als die vierte hinzutrat, haben sich nun auch die Tore unserer alten Hochschule der neuen Wissenschaft endgültig erschlossen. Man hat wohl gesagt, in dem Vierklang der Stimmen, die diesen vier Hochsitzen deutscher Wissenschaft zugefallen, sei Wittenberg in der Theologie, Halle in der Philosophie, Göttingen in der Geschichte und Staatswissenschaft, Leipzig in der Philologie die führende gewesen. Doch trifft diese Charakteristik höchstens zeitweise einigermaßen zu, und mehr als die Vorherrschaft der Philologie ist für Leipzig in dieser Zeit ein anderer Zug bezeichnend, der zwar dem ganzen Jahrhundert der Aufklärung eigen ist, der uns aber doch hier besonders ausgeprägt entgegentritt. Das ist das Streben nach Universalität der Bildung. Es wird durch die Lage der Universität inmitten des lebendigen Verkehrs der Handelsstadt und des Büchermarkts im Gegensatz zu jenen stilleren Musensitzen an der Saale und Leine begünstigt. Aber etwas wirken wohl auch die Traditionen der alten Scholastik noch nach. Auch sie war ja, sogar im extremen Sinne, universell gewesen. Darum war es bei der Aufnahme der neuen Wissenschaft begreiflich genug, daß man diese gleichfalls in die alten allumfassenden Formen zu gießen suchte. Das führte dann freilich eine gewisse Oberflächlichkeit des wissenschaftlichen Betriebs um so leichter herbei, je mehr indessen der Umfang des Wissens sich erweitert hatte. Immerhin gab der neue Inhalt diesem Streben nach Universalität, wie es in der außerordentlich vielseitigen Lehrwirksamkeit der Leipziger Gelehrten seinen Ausdruck fand, eine wesentlich neue Bedeutung. Eine Verbindung von Lehrfächern, die uns heute unmöglich erscheint, ist freilich im 18. Jahrhundert allgemein verbreitet. Aber für Leipzig ist diese Vielseitigkeit doch besonders bezeichnend. Selbst ein strenger Philologe wie

Johann August Ernesti sucht in seinen "Initia doctrinae solidioris" eine Art allgemeiner Enzyklopädie der Wissenschaften zu geben. Sein geistig beweglicherer Kollege Christ treibt neben Philologie und Archäologie mit Vorliebe moderne Kunstgeschichte und Biographik, und einen Teil seiner Musestunden widmet er der Verfertigung lateinischer Gedichte im Stil des älteren Humanismus. Abraham Gotthelf Kästner, einer der anregendsten der Leipziger Dozenten um die Mitte des Jahrhunderts, lehrte als seine Hauptfächer Mathematik und Physik. Daneben hielt er aber ein philosophisches Disputatorium, in dem er sich über alle möglichen Wissensgebiete verbreitete, wie er denn zeitlebens den schönen Wissenschaften gehuldigt hat. Und der langjährige Herrscher auf dem deutschen Parnaß, Gottsched, begann zwar seine akademische Laufbahn als Professor der Poetik. Doch rückte er bald zu der angeseheneren Professur der Logik und Metaphysik auf, neben der er die Poetik beibehielt. Als er sich dann um Wolffs Stelle in Marburg bei dessen Rückkehr nach Halle bewarb, war er bereit, zu allem dem auch noch die Mathematik zu übernehmen, und da sich ihm eines Tags die Gelegenheit zu bieten schien, nach seiner ostpreußischen Heimat zurückzukehren, erbot er sich, Professor der Theologie und Hofprediger in Königsberg zu werden. Das sind Erscheinungen, die noch stark an die wandernden Professuren der Aristotelischen Scholastik erinnern. Immerhin würde es verfehlt sein, sie bloß als ein Festhalten an einer veralteten Lehrweise anzusehen. Das Bildungsideal der Zeit war nun einmal ein alle Gebiete menschlicher Erkenntnis umfassendes, die größten wie die kleinsten Probleme zu gleicher Klarheit erhebendes Wissen, das zudem die Schätze dieses Wissens aus der engen Gelehrtenrepublik in die weiteren Schichten des Volkes hinaustragen und so der allgemeinen Wohlfahrt dienstbar machen sollte. Dieses Bildungsideal der Aufklärungszeit hat vor allem Leipzig zu verwirklichen gestrebt, und dieses Streben fand in dem gebildeten Bürgertum dieser Stadt, die sich nach dem treffend geprägten Wort Goethes als ein "klein Paris" fühlte, den günstigsten Boden. So erbittert daher oft in den vergangenen Jahrhunderten Stadt und Hochschule sich bekämpft hatten, in diesen neuen Bildungsinteressen waren sie fest zusammengewachsen, so daß man sich ebensowenig mehr die Universität außerhalb dieser Stadt, wie die Stadt ohne diese Universität denken konnte. Dieses Zusammenstimmen der beiden Kreise machte unsere Hochschule zur bevorzugten Trägerin jener nicht überall tief gehenden, dafür aber um so wirksamer das gesamte geistige Leben durchdringenden Allgemeinbildung, durch die Leipzig trotz Halle, wo die neue Philosophie zuerst ihre Wurzeln geschlagen, um die Mitte des Jahrhunderts zum Vorort der deutschen Aufklärung geworden ist. Vornehmlich aber war dies der Boden, auf dem sich jenes frei zwischen Hochschule und bürgerlicher Gesellschaft stehende Schriftstellertum ausbilden konnte, das auf das geistige Leben der Zeit wie auf die Entwicklung unserer Literatur einen so entscheidenden Einfluß geübt hat. Hier ist der freie Beruf des unabhängigen Schriftstellers entstanden, dessen erster großer Vertreter in Deutschland der hervorragendste Schüler unserer Hochschule in diesem Zeitalter, Lessing, geworden ist. Hier hatte eine die Universität mit weiteren Kreisen der Gebildeten verbindende Zeitschriftenliteratur, die durch alle Schattierungen, von den im schwerfälligen Gewand lateinischer Gelehrsamkeit einherschreitenden "Acta eruditorum" an bis zu der populären Eintagsliteratur, die durch Mylius' "Freigeist" oder dessen "Naturforscher" und die zahlreichen schöngeistigen Zeitschriften vertreten war, ihre Hauptstätte – ein bewegtes literarisches Leben, das weite Kreise zog, immerhin aber in der Hochschule seinen Mittelpunkt fand. Mochten es darum auch nicht große wissenschaftliche Fortschritte im einzelnen sein, durch die sich diese hervortat, als ein Mittelpunkt literarischer Bildung in einer wichtigen Übergangsepoche gewann sie nicht minder einen hohen Wert. Deutlich läßt das noch der Eindruck erkennen, den auf den jungen Goethe dieses Wesen einer auf die Pflege allgemeiner Bildung und feiner Sitte nach französischem Muster gerichteten Gesellschaft ausübte. War es doch nicht zum wenigsten auch die studentische Welt, auf die der hier herrschende Ton der Gesellschaft zurückwirkte. Daß in Leipzig, wie Goethe sich ausdrückt, "ein Student kaum anders als galant sein konnte, wenn er mit den wohlgesitteten Einwohnern verkehren wollte", während in Jena und Halle die geringe Achtung, die der "wilde Fremdling" vor dem Bürger empfand, die Roheit der Sitten steigerte, davon hat uns Zachariäs "Renommist" ein wertvolles Kulturbild hinterlassen. Wenn hier der aus dem Renommisten, der er einst gewesen, in Leipzig zum eleganten, höfisch gesitteten Jüngling erzogene Student die jenenser und hallenser Raufbolde nicht nur mit der Waffe besiegt, sondern schließlich selbst zur feineren Lebensart bekehrt, so hat damit der für sein Leipzig begeisterte Dichter doch auch nicht ganz unzutreffend angedeutet, welche Stellung damals in Wirklichkeit diese Stadt und ihre Hochschule in dem Wandel der akademischen Sitten einnahmen. Der galante Student, wie er uns in dieser Schilderung entgegentritt, hat freilich dem akademischen Leben kommender Zeiten ebensowenig standhalten können, wie die steife Verskunst Gottscheds und seiner Genossen dem Sturm und Drang der neu erstehenden nationalen Dichtung. Dennoch war auch jene bisweilen in das Geckenhafte umschlagende Reform der akademischen Sitten eine Schule, die die akademische Jugend durchmachen mußte, sollte der natürliche Drang nach Kraftbetätigung, in dessen Äußerungen der Student von ehedem noch allzusehr an den Scholaren der mittelalterlichen Universitäten erinnerte, einen idealen Inhalt gewinnen, wie er im folgenden Jahrhundert zuerst durch die nationale Erhebung und dann durch die Erneuerung der deutschen Hochschulen selbst ihm geworden ist.

Diese Erneuerung unsrer Hochschulbildung, die sich im 18. Jahrhundert vorbereitet und im 19. vollzogen hat, beruht aber auf dem jetzt erst endgültig eingetretenen Bruch mit dem schulmäßigen Lehrbetrieb. Und dieser Bruch ist auf das engste gebunden an die von nun an mit unwiderstehlicher Macht sich durchsetzende Verbindung von Lehre und Forschung. Nicht die Erneuerung des Lehrstoffs und nicht die ohnehin nur teilweise durch sie bedingte veränderte Lehrform hat die Scholastik endgültig von unseren Hochschulen verbannt, sondern die Umwandlung dieser selbst aus höheren Schulen im buchstäblichen Sinne des Wortes in Anstalten, die der wissenschaftlichen Arbeit in der doppelten Form der Forschung und der Lehre gewidmet sind. Noch war im 18. Jahrhundert im allgemeinen die Forschung eine private Nebenbeschäftigung des Lehrers gewesen, zu der er dann allmählich wohl auch die Tüchtigeren unter seinen Studenten heranzog. So sind neben den mehr praktisch gerichteten Übungen der Theologen schon im Laufe des 18. Jahrhunderts in Göttingen und Halle philologische Seminarien entstanden. Bei uns wurde ein solches jetzt vor hundert Jahren bei dem vierhundertjährigen Jubiläum der Universität eröffnet, und es mochte als ein glückliches Vorzeichen gelten, daß der jugendliche Gottfried Hermann das neue Institut mit einer in klassischem Latein gedichteten Kantate begrüßte.

Die Hauptschwierigkeit, die dem für die neue Verbindung von Lehre und Forschung unentbehrlichen Fortschritt dieser Gründungen im Wege stand, bereiteten jedoch zunächst die Gebiete, die in der Bedeutung ihrer Institute und in dem Aufwand ihrer Mittel ihre bescheidenen philologischen Vorläufer heute weit überflügelt haben: die Naturwissenschaften. Die späte Aufnahme ihrer praktischen Hilfsmittel in den Lehrbetrieb der Universitäten hängt mit der Art, wie von diesen überhaupt die neue Naturwissenschaft aufgenommen worden war, auf das engste zusammen. Wohl hatte sich die die Scholastik verdrängende neuere Philosophie auf der Grundlage der neuen Naturwissenschaft entwickelt. Eingang bei den Universitäten fanden aber die Naturwissenschaften selbst zuerst in der Form der aus ihnen hervorgegangenen Philosophie. Das war bei der Art des von den Zeiten der Scholastik her noch immer herrschenden Lehrbetriebs begreiflich genug. Die Universitäten waren und blieben ja Lehrinstitute, höhere Schulen, nichts weiter. Wenn der Professor für sich physikalische oder chemische Experimente machte, so lag das außerhalb seines Lehrberufs. Dieser blieb in der Naturwissenschaft und zumeist selbst in der Medizin ein rein theoretischer, ganz wie er es zur Zeit der Herrschaft der Aristotelischen Physik gewesen war. Selbst der Anatom tat ein Übriges, wenn er etwa einmal im Semester die Lage der Eingeweide seinen Zuhörern demonstrierte. Da war es denn immerhin ein großer Schritt vorwärts, daß die neue Philosophie wenigstens zu ihrem Teil in die naturwissenschaftlichen Anschauungen, von denen sie durchdrungen war, einführte. So kam es, daß besonders die allgemeineren Naturwissenschaften lange noch von Professoren der Philosophie vorgetragen wurden, die dann freilich in der Universalität ihrer Bestrebungen auch bis zu ganz konkreten technischen Gebieten, die später überhaupt von der Hochschule verschwanden, herabstiegen. Christian Wolff und seine Schüler lasen daher gelegentlich über Baukunst, Kriegskunst, Nautik ebensogut wie über Physik und über Mechanik. Dieser Zustand war nur möglich, weil doch ein gutes Stück scholastischer Tradition in der Lehrform immer noch weiterlebte, vornehmlich aber, weil die Aufgabe, die sich die Hochschule gestellt, die einer eigentlichen Schule noch nicht überschritten hatte. Hierfür ist es bezeichnend, daß die Initiative zur Gründung von Arbeitsstätten naturwissenschaftlicher Forschung zunächst überhaupt nicht von den Universitäten ausging, sondern von den Fürsten und ihren Räten. Wohl mochten es nicht immer wissenschaftliche Interessen sein, die in solchen von oben kommenden Anregungen zum Ausdruck kamen. Die Experimente mit Elektrisiermaschine und Luftpumpe waren beliebte Vorführungen, mit denen vom 17. Jahrhundert an wandernde Künstler die Hofgesellschaften unterhielten. Begreiflich daher, daß man in diesen Kreisen wünschte, die Universitäten möchten ihnen in der Pflege dieser Gebiete, die ihnen interessanter waren als Cicero oder Virgil, zu Willen sein. So regte Kurfürst August der Starke schon um das Jahr 1710 nicht nur die Gründung einer Sternwarte in Leipzig an, sondern er veranlaßte auch die Anstellung eines besonderen Professors der Physik, von dem er wünschte, daß er mit dem nötigen Instrumentarium ausgestattet werde. Die Universität aber stand diesen Anforderungen ziemlich ablehnend gegenüber. Eine Sternwarte, meinte man, sei eine überflüssige Zierde; und dem Professor der Physik überließ man es, sich, wenn er wollte, seine Apparate selbst anzuschaffen oder aus der Hinterlassenschaft seines Vorgängers zu erwerben. Noch schlimmer urteilte man über die Errichtung chemischer Laboratorien, über die ein Gutachten aus dem Anfang des 18. Jahrhunderts sich äußerte, sie seien nicht bloß überflüssig, sondern durch den Geruch, den sie verbreiteten, lästig, und durch die giftigen Stoffe, mit denen die Chemiker umgingen, gesundheitsgefährlich.

Wenn man daher nach der Bedeutung, die heute die naturwissenschaftlichen Laboratorien und die mannigfachen, gleichzeitig der praktischen Unterweisung und der wissenschaftlichen Forschung dienenden medizinischen Institute für unsere Universitäten besitzen, vermuten könnte, es sei von Anfang an der für den Wohlstand der Nation wie der Einzelnen unschätzbare Nutzen dieser Anstalten gewesen, der ihre Gründung veranlaßt habe, so würde diese Annahme ein großer historischer Irrtum sein. Eine theoretische Wahrheit kann zuweilen sofort einleuchten. Die ungeheuren praktischen Folgen, die eine Umwälzung wissenschaftlicher Methoden mit sich führt, werden erfahrungsgemäß immer erst erkannt, nachdem diese Folgen selbst mindestens teilweise schon eingetreten sind. So war es denn auch eine solchen praktischen Erwägungen völlig ferne liegende reformatorische Idee pädagogischer Art, die hier aus den Bildungsbestrebungen des 18. Jahrhunderts und den am Ende des Jahrhunderts mächtig sich regenden neuen Erziehungsidealen als letzte Frucht hervorging. Schon Kant hatte in seinem "Streit der Fakultäten" die Anwendung dieser Ideale auf die Hochschulbildung gestreift. Ihren energischen Ausdruck fand sie aber erst in dem Zukunftsprogramm der neuen Philosophie, die im Bunde mit der um die Wende der Jahrhunderte auftretenden romantischen Geistesströmung hervortrat, und die auf eine neue, engere Verbindung von Kunst, Wissenschaft und Leben hindrängte. Hier war es allen voran Fichte, der seine Stimme laut für diese neue Botschaft erhob. In der Entfremdung vom Leben und von den praktischen Bedürfnissen der Zeit erkannte er den schwersten Schaden der seitherigen Wissenschaft und besonders auch der seitherigen Hochschulbildung. Doch in dem wunderbaren Wechselspiel geistiger Kräfte, das solchen Übergangszeiten eigen ist, hat die gleiche Erneuerung der Philosophie, von der diese reformatorische Idee ausging, nicht minder durch den Konflikt, den sie sehr bald zwischen der Philosophie und den positiven Wissenschaften, besonders den Naturwissenschaften, heraufbeschwor, jene Entwicklung begünstigt, die um die Mitte des 19. Jahrhunderts der Naturwissenschaft allmählich die führende Rolle an den deutschen Universitäten verschaffte.

Durch die Philosophie des 18. Jahrhunderts war die neue Naturwissenschaft in den Kreis des akademischen Unterrichts eingeführt worden. Die Naturwissenschaft des neunzehnten begann auf das bitterste die Philosophie zu bekämpfen, die freilich mittlerweile selbst eine andere geworden war. Denn von den Quellen der Naturforschung, aus denen sie im vorangegangenen Zeitalter geschöpft, hatte sie weit sich entfernt. Man mag diese Feindschaft, die längere Zeit die allezeit gemeinsamen Interessen unserer geistigen Bildung schwer geschädigt hat, beklagen. Doch man wird nicht umhin können zuzugestehen, daß sie auf die Konsolidierung der Einzelwissenschaften in Forschung und Unterricht fördernd gewirkt hat. Vielleicht war jene Feindschaft notwendig, sollten beide, Philosophie und Einzelwissenschaft, dereinst wieder einmal als Verbündete sich die Hände reichen. Hier ist nun aber noch einmal jene Eigenart unserer Hochschule zur Geltung gekommen, die sie von den Tagen ihrer Gründung an nicht verlassen hat. An diesem denkwürdigen, in die Geistesgeschichte des 19. Jahrhunderts tief eingreifenden Streit hat die Leipziger Universität so gut wie keinen Anteil genommen. Mag diese Erscheinung auf den ersten Blick befremdlich sein, unsere Vergangenheit macht sie verständlich. Nach Leibniz und Newton, diesen geistigen Führern der Naturwissenschaft des 18. Jahrhunderts, war noch Kants Philosophie ganz und gar orientiert gewesen. In der Übereinstimmung mit Kant konnten daher Naturforscher und Philosophen leicht sich verständigen. Als aber zu Ende des Jahrhunderts von Jena die neue philosophische Bewegung ausging, die Natur und Geist, Kunst, Religion und Geschichte zu einem einzigen, von dem philosophischen Gedanken beherrschten Wissenssystem zu vereinigen strebte, da konnte die Naturforschung, wenn auch anfänglich selbst von dem Feuer der Begeisterung für das Neue hingerissen, auf die Dauer keine Heeresfolge leisten. Langsamer folgten ihr die Geisteswissenschaften in dieser ablehnenden Haltung, und es begann nun in den Einzelgebieten jener fruchtbare, durch die immer weiter gehende Arbeitsteilung für die Exaktheit der Forschung und die Differenzierung der wissenschaftlichen Methoden sich auszeichnende Betrieb, der freilich die Hochschulen um die Mitte des 19. Jahrhunderts nahezu in Sammelstätten unabhängiger Fachschulen und gänzlich zusammenhanglos gewordener wissenschaftlicher Einzelarbeiten verwandeln zu wollen schien. Von jenem stolzen Prachtbau einer künftigen Universitas literarum, von dem im Anfang des Jahrhunderts die hervorragendsten Geister der Nation geträumt, konnte kaum mehr die Rede sein. Eher schien das Ganze einem großen Mietshause zu gleichen, das je nach Bedürfnis planlos ergänzt und erweitert wird, und dessen Bewohner sich höchstens aus zufälligen Begegnungen kennen. Jene philosophische Bewegung um die Wende des 18. und 19. Jahrhunderts aber, die uns heute fern genug liegt, um neben ihren Mängeln unbefangen auch ihre positive geschichtliche Bedeutung würdigen zu können, sie hatte sich von Jena aus über alle Hochschulen Deutschlands verbreitet, und vor allen die neu errichtete in Berlin, an der zuerst Fichte und dann Hegel gelehrt, war in der ersten Hälfte des Jahrhunderts ihre Hauptstätte geworden.

Doch all dieser Sturm und Drang der neuen Philosophie ist an unserer Hochschule beinahe wirkungslos vorübergegangen. Die Leipziger Philosophen hielten an Kant fest, lange nachdem anderwärts die Kantische Philosophie einstweilen ad Acta gelegt war, um in künftigen Zeiten, nachdem der Strom der philosophischen Romantik vorübergerauscht war, wieder aufgenommen zu werden. Und als endlich die Schule Kants auch bei uns vom Schauplatze verschwand, da wurde Herbart der unsere Universität beherrschende Philosoph, und er behielt diese Herrschaft, selbst nachdem sie in Göttingen, der Stätte seiner eigenen Wirksamkeit, längst geschwunden war. Herbart, der der neuen, von Jena und Berlin ausgegangenen Philosophie ablehnend und absprechend gegenüberstand, der auf exakte Methode das größte Gewicht legte und im übrigen in das Geschäft der positiven Wissenschaften wenig und in das der Theologie gar nicht sich einmischte, er war ganz dazu angetan, zwischen Philosophie und Einzelforschung ein gutes Verhältnis wohlwollender Neutralität herzustellen, indes außerhalb der Kampf zwischen beiden immer noch tobte. So hat uns diese Wahlverwandtschaft einer ruheliebenden konservativen Gesinnung, wie sie unserer Universität seit alter Zeit eingepflanzt war, mit dem Geist einer positiven, die Probleme vorsichtig abwägenden Philosophie über jene Zeit der Feindschaft glücklich hinweggeholfen, die um die Mitte des vorigen Jahrhunderts in vielen akademischen Kreisen die Beschäftigung mit philosophischen Fragen beinahe als das Symptom einer gewissen geistigen Rückständigkeit erscheinen ließ, falls sich nicht etwa eine aus irgendwelchen gerade in der Naturwissenschaft geltenden Hypothesen kritiklos zusammengeraffte Weltanschauung für Philosophie ausgab. Mochte auch jene neutrale Stellung, die Leipzig in dem Streit einhielt, in der Philosophie selbst eine gewisse Sterilität mit sich führen, so verband sich nun aber damit auf der anderen Seite ein Vorteil. Gerade Leipzig, das dereinst der echte Typus einer reinen Lehruniversität gewesen, wurde nun zu einer Stätte, die der Einzelforschung eine sorgfältige Pflege bot, und die der Arbeit solcher Einzelforschung, wo es darauf ankam, auch auf völlig neuen Gebieten bereitwillig Unterkunft gewährte. Waren auf anderen Universitäten die Institute und Seminarien, soweit sie nicht der Naturwissenschaft und der Medizin dienten, nicht selten noch auf der Stufe der alten, mehr schulmäßig betriebenen philologischen Übungen verblieben, so führte der hier herrschende Geist wissenschaftlicher Arbeitsteilung frühe schon zu einer Übertragung der in den naturwissenschaftlichen Instituten reich entwickelten Verbindung von Lehre und Forschung auf andere Gebiete und zur Ausbildung ähnlicher Anstalten gemeinsamer Arbeit auch für die Geisteswissenschaften. Noch befinden sich unsere deutschen Universitäten in dieser Beziehung teilweise in einem Übergangszustand, den freilich die Entwicklung des Institutswesens verständlich macht. Durch die ungeheuren Erfolge, die sich die naturwissenschaftlichen Anstalten in den jedem sichtbaren Früchten, die sie für das praktische Leben trugen, errungen, erschien jede Anforderung gerechtfertigt, die von ihnen aus erhoben wurde. Galt doch die Hilfe, die man ihnen gewährte, mit Recht nicht bloß als ein Gewinn für die Universität, sondern als ein nicht geringerer für die allgemeine Wohlfahrt. Der Nutzen, den philologische und historische oder selbst nationalökonomische und staatswissenschaftliche Seminarien stiften sollten, leuchtete dem größeren Publikum und leuchtete manchmal selbst den Staatsmännern, in deren Händen die Leitung der Hochschulen lag, weniger ein. Da mochte dieser und jener noch immer nicht viel anders denken als Friedrich der Große, der einstmals an den Rand eines Memorandums, das ihm die Anstellung eines Professors der Staatsökonomie in Halle empfahl, die Worte schrieb: "Ein Bauer ist ein besserer Ökonomiker als ein Professor!" Und wo man auch einen solchen Nutzen nicht bestritt, da meinte man doch, das hier gesteckte Ziel lasse sich ohne sonderlichen Aufwand von Mitteln mit Hilfe der jedem zu Gebote stehenden Universitätsbibliotheken und in den gewöhnlichen Vorlesungsräumen erreichen. Man übersah, daß eine konzentrierte wissenschaftliche Arbeit, auch wenn ihre Hilfsmittel im wesentlichen bloß literarischer Art sind, nicht minder eine konzentrierte Vereinigung dieser unentbehrlichen Mittel fordert, und daß Auditorien ebensowenig die geeigneten Arbeitsstätten für philologische und historische Forschung sind, wie etwa für den Physiker und Chemiker Demonstrationsexperimente im Hörsaal die Quellen neuer Entdeckungen zu sein pflegen. Und noch mehr: man übersah, wie sehr es für alle Richtungen geistigen Lebens ein Erfordernis gründlicher Bildung ist, daß sich der Schüler eine solche nicht bloß passiv aneignet, sondern selbsttätig mit ihren Hilfsmitteln und Methoden vertraut wird. Daher denn auch nur diese Verbindung von Lehre und Forschung dem Staat und der Gesellschaft fähige Vertreter der akademischen Bildung auf allen Gebieten, und der Universität selbst ihre künftigen Lehrer zur Verfügung stellen kann. Denn nicht darauf kommt es hier überhaupt an, daß jeder Schüler, der sich in Seminar und Laboratorium in eigener Arbeit betätigt, nun auch selbst ein Gelehrter werde, der die Wissenschaft durch eigene Forschung bereichert. Das ist weder notwendig, noch würde es wünschenswert sein. Die Vorbereitung zu praktischen Berufen wird immer eine Hauptaufgabe der Universitäten bleiben. Doch die volle Befähigung auch zur Lösung praktischer Aufgaben kann niemals durch die passive Aneignung eines toten Lehrstoffes, sondern in einer für die selbsttätige Anwendung fruchtbringenden Weise nur durch eigene Einsicht und eigene Überzeugung gewonnen werden, und die letztere setzt wieder jene Einführung in selbständige Arbeit voraus, die allein zur freien Prüfung wie zur richtigen Anwendung überkommener Lehren fähig macht. Weil die Universität ihre Schüler nicht zu Automaten und willenlosen Werkzeugen, sondern zu selbständig denkenden Menschen und zu Charakteren erziehen soll, deshalb eben ist für sie die Forschung selbst das letzte und wichtigste Hilfsmittel der Lehre.

Doch wie die neue, aus der Romantik geborene Philosophie wider ihr Wissen und Wollen durch die aus jener Feindschaft zwischen Philosophie und Wissenschaft erwachsene Selbständigkeit der wissenschaftlichen Einzelarbeit diese auf allen Gebieten gefördert hat, so ist es die gleiche, besonders von der Naturwissenschaft lange Zeit so bitter gehaßte Philosophie gewesen, die den reformatorischen Gedanken der notwendigen Zusammengehörigkeit der Lehre und Forschung zuerst erfaßt hat, und der wir durch diese von ihr ausgehende Wirkung nicht bloß die Blüte unserer Hochschulen, sondern zu einem guten Teil den Wert unserer nationalen Bildung verdanken. So ist denn auch aus den Kreisen dieser romantischen Philosophie der Staatsmann und Gelehrte hervorgegangen, der vor anderen das neue Bildungsideal der Hochschule zu verwirklichen strebte, und den ein günstiges Geschick bei der ersten Neugründung einer Universität im 19. Jahrhundert, der Friedrich-Wilhelms-Universität in Berlin, an die Spitze der preußischen Unterrichtsverwaltung gestellt hatte: Wilhelm von Humboldt.

In unübertrefflichen Worten hat Humboldt das Verhältnis der neuen deutschen Hochschule zum Staate in einer Denkschrift festgelegt, deren Gedanken heute vielleicht mehr als zur Zeit, da sie niedergeschrieben wurden, eine aktuelle Bedeutung besitzen. Lag doch damals noch jene ganze Entwicklung von den ersten philologischen Seminarien an bis zu den großen, über alle Gebiete der Natur- und Geisteswissenschaften sich erstreckenden Arbeitsinstituten im Schoße der Zukunft. Auch waren gerade in den Vorverhandlungen über die Gründung der Berliner Hochschule Stimmen laut geworden, die den Universitäten den Charakter reiner Unterrichtsanstalten gewahrt wissen wollten, neben denen den Akademien die wissenschaftliche Forschung als solche zuzuweisen sei. Einem solchen Programm gegenüber konnte schon Humboldt hervorheben, in Deutschland sei die Wissenschaft in neuerer Zeit mehr durch Universitätslehrer als durch Akademiker gefördert worden. Es gelte also, die hier liegenden Anlagen zu fernerer Entwicklung weiterzubilden, nicht die Universitäten in einen früheren Zustand zurückzudrängen. "Forschung und Unterricht", so fordert er, "müssen an ihnen gleichzeitig ihren Ort haben, und das Verhältnis von Lehrer und Schüler muß das der gemeinsamen Arbeit an der Wissenschaft sein. Die geübte, aber auch leichter einseitige und minder lebhafte Kraft des Älteren muß sich mit der schwächeren, aber unbefangeneren und mutig nach allen Richtungen hinstrebenden des Jüngeren verbinden. Der Staat aber kann und darf sich in diese innere Tätigkeit nicht einmischen, sondern er muß sich bewußt bleiben, daß solche Einmischung nie förderlich, sondern immer nur hinderlich sein kann. Seine Aufgabe ist es, die notwendigen Mittel zur Verfügung zu stellen und die richtigen Männer zu wählen". Und den gleichen Gedanken spricht einer der ersten großen Lehrer jener Berliner Hochschule, Friedrich Schleiermacher, aus. "Die Universitäten zu bloßen Spezialschulen für den Staatsdienst machen zu wollen, hieße", so erklärt er, "alle wissenschaftlichen Bestrebungen aus ihrem Zusammenhang reißen und den bloßen Mechanismus dem Leben vorziehen. Die Unterdrückung der höchsten freiesten Bildung und des wissenschaftlichen Geistes würde die Folge sein. Der Lehrer soll in voller Freiheit in den Schülern eine Pflanzschule von Mitstrebenden um sich sammeln, denen die wissenschaftliche Forschung zugleich zu einer Schule des Charakters werde".

Daß die Universitäten des verflossenen Jahrhunderts dem Ziel geistiger Autonomie, das ihnen hier zum erstenmal mit dem vollen Bewußtsein seiner Tragweite gestellt worden ist, näher gekommen sind, wird niemand bestreiten. Freilich ist es nicht minder gewiß, daß das Streben nach diesem Ziel von frühe an Widerständen begegnete, und daß diese Widerstände wohl noch heute nicht ganz überwunden sind. Mußten sie doch mit einer gewissen inneren

Notwendigkeit aus den Wechselwirkungen mit den sonstigen in Staat und Gesellschaft tätigen Kräften hervorgehen, Wechselwirkungen, die sich gerade um der geistigen Autonomie willen, die die neue Hochschule forderte, leicht zu Konflikten verschärften. Solche Konflikte sind im wesentlichen von zweierlei Art. Die einen, nach außen die augenfälligsten, entspringen aus der Einmischung politischer Motive in die Aufgaben wissenschaftlicher Hochschulbildung; die anderen, mehr latenten, aber für das innere Leben der Hochschule nicht minder gefährlichen, aus der Eigenart des Hochschullehrerberufs gegenüber anderen Formen des staatlichen Beamtentums. Wir können uns heute ihnen um so unbefangener gegenüberstellen, weil sie zumeist der Vergangenheit angehören. Aber ganz sind sie doch in der Gegenwart nicht verschwunden; um so mehr scheint es darum auch hier geboten, den Fehlern der Vergangenheit Lehren für die Zukunft zu entnehmen.

Es konnte nicht ausbleiben, daß die Universitäten, in dem Maße, als sie sich aus Schulen im engeren Sinne dieses Wortes in Anstalten der freien Forschung und Lehre umwandelten, an den politischen und kirchlichen Kämpfen, die die Zeit bewegten, einen lebhafteren Anteil nahmen, und daß ihnen, so lange ein solcher Kampf zunächst noch mit geistigen Waffen geführt wurde, bisweilen mehr, als es im Interesse ihres Lehrberufs wünschenswert sein mochte, eine führende Rolle zufiel. Nun ist ja vor allem auf geistigem Gebiete noch niemals ein ersehnter Preis errungen worden, der nicht mit Leiden und Dulden bezahlt worden wäre. Die Hochschule des 19. Jahrhunderts hat der Erkenntnis dieser Wahrheit reichlich ihren Tribut gezollt. Keiner der großen Kämpfe um die Güter des nationalen Lebens und seiner Kultur hat sich abgespielt, ohne daß die Hochschulen in der vordersten Linie der Streitenden standen, und ohne daß die akademische Jugend zuweilen wohl auch weit über das Ziel hinausstürmte, das in erreichbarer Nähe lag. Gleichwohl hat die Geschichte auch hier ihre Gerechtigkeit geübt. Hat doch die zweite Hälfte des Jahrhunderts jene Ideale, deren Vorkämpfer in der ersten verfolgt worden waren, ihrer Verwirklichung entgegengeführt. Auch unserer Universität sind solche Opfer nicht erspart geblieben. Man braucht nur die Namen Theodor Mommsen, Otto Jahn und Moritz Haupt zu nennen, die im Jahre 1851 ihre völlig außerhalb ihrer akademischen Lehrtätigkeit liegenden persönlichen Anschauungen mit der Verbannung von unserer Hochschule büßen mußten, um sich an diesen leuchtenden Beispielen zugleich die schädigende Wirkung zu vergegenwärtigen, die solche politische Motive auf die Leitung der Hochschulen ausüben können.

Doch wir sind in der glücklichen Lage heute es aussprechen zu dürfen, daß die folgende Zeit reichlich wieder gut gemacht hat, was die Vergangenheit gefehlt. Ein neuer Geist über dem Wohle unserer Hochschule waltender Fürsorge erwachte, als König Johann das Ideal, das dereinst in schwerer Zeit zu Anfang des Jahrhunderts die edelsten Geister der Nation erstrebt, an der Hochschule seines eigenen Landes zu verwirklichen suchte. Was der Staatsmann und Gelehrte Humboldt im Geiste vorausgeschaut, das an der Hochschule seines eigenen Landes zum Leben zu erwecken, wurde der feste Wille des Königs und Gelehrten aus dem Hause Wettin. Wie er über das Verhältnis der Universitäten zu politischen Irrungen und Verfolgungen dachte, dafür besitzen wir ein denkwürdiges Aktenstück in einem Briefe, den in seinem Auftrag der hochverdiente Minister von Falckenstein schrieb, und den das Archiv unserer philosophischen Fakultät bewahrt. "Die Leipziger Universität", so heißt es in diesem Briefe in deutlicher Anspielung auf die Berufung zweier hervorragender Männer aus dem Kreise der Göttinger Sieben und eines anderen von der dänischen Regierung abgesetzten Universitätslehrers, "die Leipziger Universität hat in früherer wie in neuerer Zeit oft von einem altehrwürdigen Vorrecht Gebrauch gemacht, ausgezeichneten Männern, welchen anderwärts ihre Wirksamkeit verbittert oder gänzlich abgeschnitten ward, zur Ehre der Wissenschaften und zu ihrem eigenen Ruhme ein anderes Feld der Wirksamkeit zu eröffnen". Es folgte die Berufung Friedrich Ritschls, der kurz zuvor die von Georg Curtius vorausgegangen war, und die nun mit anderen unter Mitberatung der Fakultät ausgeführten Berufungen zusammen eine neue Blüte der philologischen Studien bei uns einleitete.

Nicht minder wie die politischen Kämpfe sind jedoch im Laufe des letzten Jahrhunderts außerwissenschaftliche Tendenzen einer andern Art der freien Entwicklung unserer deutschen Hochschulen bisweilen hemmend in den Weg getreten. Wir wollen sie kurz die partikularistischen nennen, obgleich sie nicht immer in der Beschränkung der Auswahl der Lehrkräfte, sondern noch allgemeiner vielleicht in der Abschließung der Universitäten eines Landes gegen andere deutsche Hochschulen sich äußerten. Dieser im weiteren Sinne des Wortes partikularistische Zug gehört, im Gegensatze zu den nunmehr glücklich überwundenen politischen Bedrängungen früherer Tage, meist der näheren Vergangenheit an; ja zuweilen könnte es scheinen, als habe sich, nachdem die politische Einheit der deutschen Stämme errungen ist, der alte germanische Fehler, die eigene Sonderart gegen die gemeinsamen nationalen Güter zur Geltung zu bringen, nun gerade mit besonderer Energie auf das geworfen, was uns in der Zeit der politischen Zersplitterung geeinigt hatte: auf unsere Hochschulen als die Zentren unserer nationalen Bildung. Den Universitäten selbst ist darin die geringere Schuld beizumessen gegenüber andern Faktoren, die den Bildungsinteressen eigentlich fern liegen oder fern liegen sollten. Voran steht hier das mit dem Übergang der Universitäten in staatliche Lehranstalten leicht sich verbindende Streben, nun auch die sonst für die Stellung der Beamten im Staate geltenden Grundsätze der Beförderung, der Versetzung und des Aufrückens im Dienste soweit wie immer möglich auf die Universitätslehrer anzuwenden. So gewiß es nun ist, daß auch sie Staatsbeamte sind und heute überall als solche sich fühlen, so führt doch der Beruf der Universitäten Unterschiede mit sich, die man nicht übersehen darf, wenn nicht die Hochschulbildung selbst bleibenden Schaden nehmen soll. Das hat nach einer nicht unwichtigen Seite hin schon der alte Kant in den schlichten Worten angedeutet: "Über die Befähigung von Gelehrten können eigentlich nur Gelehrte entscheiden." Hier eben fordert die Aufgabe der neuen Hochschule, wie sie sich von Anfang des 19. Jahrhunderts zu verwirklichen begann, eine geistige Autonomie, die freilich durch keine ein für allemal bindende Normen festgelegt werden kann, um so mehr aber der treuen Bewahrung durch die Sitte bedarf. Ist die Wissenschaft als solche international, so ist sie zugleich in der besonderen Ausprägung, die ihr das einzelne Volkstum gegeben, in dem Sinne national, daß die Grenzen der Einzelstaaten und der Provinzen, in die die Nation politisch sich gliedert, für die Wissenschaft hinfällig sind. Niemand hat das energischer betont, als in den gleichen Tagen, da ein Humboldt und Schleiermacher die Pläne einer zukünftigen Hochschule erwogen, der Philosoph, der wie kein anderer für den Wert der nationalen Eigenart in die Schranken trat, Fichte in den "Reden an die deutsche Nation". Sprache, Recht und Sitte gelten ihm als die jeder Nation zugehörigen unantastbaren Güter. Die Wissenschaft aber preist er als ein gemeinsames Gut, dem nur jede Nation und allen voran die deutsche das Gepräge ihrer geistigen Eigenart so weit sie es vermag mitteilen müsse. In der Tat hat in dieser Form die deutsche Hochschule ihrem Wesen nach die mittelalterliche Idee der Universitas als einer allen Nationen offen stehenden Bildungsstätte am treuesten bewahrt. Sie hat diese Idee nur in die Schranken zurückgewiesen, die ihr die nationale Literatur- und Unterrichtssprache notwendig ziehen mußte. Um so mehr hat sie innerhalb dieser Schranken jenen regen Austausch zwischen den Universitäten der deutschen Stämme hervorgebracht, der für die Entwicklung der Wissenschaft wie für die Ausgleichung der Stammesvorurteile bei Lernenden wie Lehrenden gleich forderlich gewesen ist, indes zugleich die zunehmende Zahl der zum Studium hinzuwandernden Ausländer der deutschen Wissenschaft auch außerhalb der Heimat die Wege geebnet hat. So konnte hier teilweise wenigstens jene alte, auf einer fremden Sprache und Kultur ruhende Einheit der Wissenschaft, die immerhin ein Vorzug der mittelalterlichen Hochschule gewesen war, in der deutschen Hochschule der Gegenwart in einer von nationalem Geiste erfüllten lebendigeren Form wiedererstehen. Darum würde nun aber auch die nationale wie die internationale Bedeutung unserer Universitäten schwer geschädigt werden, wenn jemals die Neigung sich durchsetzen sollte, diese freie Bewegung der Lehrenden und Lernenden für die ersteren tunlichst auf heimische Lehrkräfte zu beschränken und das diese Freiheit der Bewegung zum Ausdruck bringende Berufungssystem durch ein nach bureaukratischem Schema eingerichtetes Beförderungs- und Versetzungssystem zu beseitigen. Für die Universität, die den höchsten Anspruch an geistige Leistungsfähigkeit stellen muß, darf hier überall nur der altbewährte Grundsatz maßgebend sein, daß mit der Erweiterung des Gebiets der Auslese die Chancen für die Wahl der Tüchtigsten zunehmen.

Uns hat nun die altüberlieferte politische Autonomie unserer Hochschule zu einem nicht geringen Teil auch über diese Gefahren hinweggeholfen. Denn hier, wo die Mitwirkung der Fakultäten bei der Gewinnung neuer Lehrkräfte nie in Frage gestellt wurde, lag es von dem Augenblick an, wo diese Universität die Fesseln ihrer einstigen korporativen Gebundenheit abgestreift hatte, im eigensten Interesse der Fakultäten, bei ihren Vorschlägen auf die Gewinnung der Tüchtigsten bedacht zu sein, die für sie erreichbar waren; und unseren Regierungen muß es nachgerühmt werden, daß ihr Bemühen auf dasselbe Ziel gerichtet gewesen ist. Vor allem verdanken wir es aber auch hier der durch König Johann begründeten Ära, daß, seitdem durch ihn diese Landesuniversität zu einer gesamtdeutschen Hochschule geworden ist, für uns nie ein anderes Prinzip maßgebend war, als das der freien Auswahl der akademischen Lehrer aus allen Ländergebieten deutscher Zunge. Keinen sprechenderen Beleg hierfür kann es geben als die Zusammensetzung unseres Lehrkörpers. Er umfaßt Angehörige aller Länder des deutschen Reiches und der deutschen Lande Österreichs. Nicht minder hat uns die deutsche Schweiz seit Jahren manche der treuesten und tüchtigsten Mitarbeiter an dem Werk deutscher Bildung zugeführt; und ohne Bedenken hat unsere Universität, wo die Gelegenheit günstig schien, selbst ausgezeichnete Gelehrte des stammverwandten Skandinavien für diese Mitarbeit zu gewinnen vermocht. Wollte man sich hier überhaupt über ein Mißverhältnis wundern, so könnte es höchstens deshalb geschehen, weil die Zahl unserer in Sachsen geborenen Kollegen und der an unserer Hochschule selbst zur ordentlichen Professur aufgerückten Dozenten auffallend klein ist im Verhältnis zur Bildungsstufe unseres Landes und zu der Tüchtigkeit unserer jüngeren Kollegen. Aber niemand unter uns empfindet das als ein Mißverhältnis. Denn an dieser großen Arbeitsstätte deutscher Wissenschaft und Bildung fühlen wir uns überhaupt nur als Deutsche. Und das ist bei allem Unterschied der Zeiten schließlich das Gefühl, das uns noch heute mit unseren Vorgängern vor fünfhundert Jahren verbindet. Als diese dereinst aus Böhmen auszogen, um sich im deutschen Lande eine neue Heimstätte zu suchen, da nannten sie sich die "geeinte deutsche Nation". Auch wir fühlen uns als eine Hochschule "geeinter deutscher Nation", und wir danken es unseren Fürsten und unseren Regierungen, daß sie hierin mit uns eines Sinnes sind. In jener Aufhebung der Sondereigenschaften zur Einheit, bei der jeder Teil sein Bestes zu bewahren sucht, sehen auch sie eine Aufgabe nationaler Bildung, an der vornehmlich die Hochschule durch die freie Bewegung ihrer Mitglieder, der Lehrer wie der Lernenden, mitzuarbeiten berufen ist.

So tritt uns heute im Rückblick auf das letzte Jahrhundert vor anderen die Gestalt König Johanns als die des großen Erneuerers unserer Hochschule entgegen. Aus einer Landesuniversität, die sie bis dahin gewesen, hat er sie in eine nationale deutsche Hochschule umgewandelt. Mit weit ausschauendem Blick hat er hierdurch an jenem Werk geistiger Einheit der Nation mitgearbeitet, das trotz der politischen Einigung, die wir errungen, heute ein noch immer zu erstrebendes Ziel geblieben ist. Und noch in einem anderen Sinne hat König Johann diese Hochschule zu einem wahren "Studium generale" deutscher Nation erhoben, und sind seine Nachfolger aus dem Hause Wettin ihm auf diesem Wege im weiteren Ausbau seines Werkes gefolgt. Hier wurde, wie wir wohl sagen dürfen, in großem Stil die Lücke ergänzt, deren Ausfüllung nötig war, sollten die deutschen Universitäten des 19. Jahrhunderts wirklich zu dem werden, was zu Anfang desselben seine besten Geister erstrebten: zu Stätten der Lehre und Forschung für das Ganze der Wissenschaft. Die Geisteswissenschaften waren in den ihnen zur Verfügung stehenden Mitteln zuletzt weit hinter den sie mächtig überflügelnden Naturwissenschaften zurückgeblieben, und sie sind es teilweise noch heute. Da sind denn die Anfänge dieser letzten Ergänzung der Institute unserer Hochschule wiederum an die Regierung des Fürsten geknüpft, der als Gelehrter den Geisteswissenschaften zugewandt war, indes ihn doch zugleich eine reiche Lebenserfahrung die große Bedeutung der Naturwissenschaften für den Aufschwung der nationalen Kultur würdigen ließ. So sind allmählich den neu erstehenden naturwissenschaftlichen und medizinischen Unterrichts- und Arbeitsanstalten im Süden unserer Stadt hier, im näheren Umkreis dieses Universitätshauses die mannigfaltigen Institute an die Seite getreten, die der fortschreitenden Arbeitsteilung auch innerhalb der Geisteswissenschaften gefolgt sind. Unsere Fakultäten haben in den zum heutigen Tag in die Hände unserer Ehrengäste gelegten Druckschriften treulich über diese Anstalten Bericht erstattet. Was in diesen Bänden geschildert worden, das ist in allem Wesentlichen das Werk der Ära König Johanns und seiner der Universität allezeit wohlgeneigten und auf ihr Bestes bedachten Nachfolger, der königlichen Brüder Albert und Georg und Seiner Majestät unseres gegenwärtigen Rector Magnificentissimus, dem wir heute den tiefgefühlten Dank der Hochschule für die von ihm wie von seinen Ahnen ihr erwiesene Huld und Förderung darbringen dürfen.

Und noch nach zwei anderen Seiten darf heute unser Dank sich richten. Unsere sächsische Staatsregierung ist, seit die Universität in die neue Phase ihrer Entwicklung eingetreten, allezeit in weiser Fürsorge bemüht gewesen, durch die Gewinnung tüchtiger Lehrkräfte wie durch die Schaffung neuer Institute und die Erweiterung der vorhandenen die Lösung der großen Aufgaben zu fördern, die der Hochschule gestellt sind, und unsere sächsische Volksvertretung hat sich nie einer für die Zwecke der Universität an sie gerichteten Forderung der Regierung versagt. Nicht ein einziges Mal hat, so weit die Erinnerung der ältesten Generation unter uns zurückreicht, unser Landtag die im Interesse der Hochschule gewünschten Bewilligungen abgelehnt oder auch nur zu kürzen gesucht, – gewiß ein seltener Ruhmestitel in den Annalen der deutschen Volksvertretungen; ja in dieser Fürsorge für die Hochschule sind alle politischen Parteien, von der äußersten Rechten bis zur äußersten Linken, so sehr sie in sonstigen Fragen auseinandergehen mochten, jederzeit einig gewesen.

Wenn vor dem in unseren Universitätshof Eintretenden gegenüber dem älteren Bornerianum, das zu Ehren des tapferen Rektors aus dem 16. Jahrhundert seinen Namen trägt, das Albertinum und das Johanneum als die beiden Hauptbauten der neuen Hochschule sich erheben, so sollen demnach diese Namen das Gedächtnis an die zwei Epochen bewahren, die, in der Zeit weit voneinander abliegend, bis dahin die wichtigsten Marksteine ihrer Geschichte gewesen sind. Gemahnt uns der Name jenes sein Leben für die Gesamtheit hingebenden Universitätslehrers an die Rettung unserer Hochschule aus schwerer Drangsal, so sollen die beiden anderen Namen ihre Erhebung zu einer gesamtdeutschen Hochschule und zu einer Stätte, auf der sich, wie wir hoffen, für alle Zukunft Forschung und Lehre zur Einheit verbinden, im dankbaren Gedächtnis der Nachwelt festhalten. Wenn sich aber außerdem vor dem Bornerianum das eherne Standbild des großen Sohnes dieser Stadt erhebt, der einst unmutig ihrer Hochschule den Rücken gekehrt, weil er sie für unfähig hielt, jemals etwas anderes als eine Stätte unfruchtbarer scholastischer Künste zu werden, so mag uns das immerhin zugleich daran erinnern, daß unter den Irrtümern, an denen es auch seinem Leben nicht gefehlt hat, der Zweifel an der Zukunft der deutschen Hochschulen nicht der kleinste gewesen ist. Könnte Leibniz heute an dem Ort seines Standbildes wieder zum Leben erwachen und über die großen Auditorien und die immer weiter in die benachbarte Universitätsstraße hinein sich erstreckenden Seminarien und Institute seinen Blick schweifen lassen, würde er dann auch noch in unser naturwissenschaftliches und medizinisches Viertel geführt mit seinem Reichtum an Instituten, von denen ein einziges leicht das Doppelte der Mittel heischt, die zu seiner Zeit eine ganze Universität forderte, und fände er endlich in diesem großen Komplex wissenschaftlicher Anstalten einen höchst bescheidenen Raum unserer Akademie, der sächsischen Gesellschaft der Wissenschaften, angewiesen, – dann würde er wohl erkennen, daß nicht, wie er geweissagt, die Akademien die Zufluchtsstätten der Wissenschaft geworden sind, sondern die Hochschulen selbst mit ihrer lebendigen Wechselwirkung von Lehre und Forschung. Die Akademien aber schließen sich nunmehr an sie als deren Organe für große, die Kräfte des einzelnen Landes und der einzelnen Hochschule überschreitende internationale Unternehmungen an. So ist für sie, was Leibniz als einen in weiterer Ferne erreichbaren Nebenzweck betrachtete, zum Hauptzweck geworden, und auch das freilich in jenem Verband gelehrter Gesellschaften, der heute sein Netz über die ganze Kulturwelt ausgebreitet hat, in einer Ausdehnung, die der erste Begründer der deutschen Akademien in seinen kühnsten Träumen nicht hoffen konnte, und die wirksamer als Reden und lärmende Demonstrationen ein anderes seiner Ideale in sich verkörpert: die Friedensgemeinschaft der Völker in der Pflege der geistigen Güter.

Durch schwere Irrungen hat sich unsere jahrhundertelang in mittelalterlichen Überlieferungen befangen gebliebene Universität hindurchkämpfen müssen. Aber was den Ahnen zum Schaden gereicht, kann sich den Enkeln zum Segen wenden. Was unsere Vorfahren, in längst überlebten Anschauungen befangen, in den Kämpfen um die Erhaltung ihrer korporativen Selbständigkeit erstrebt, das ist für uns, und ist über den Umkreis unserer Universität hinaus für unsere deutsche Hochschulbildung die Grundlage geworden, auf der sich der stolze Bau freier Lehre und Forschung erhebt, den wir heute als eines der wertvollsten Güter unserer Nation preisen.

Aus der politischen und wirtschaftlichen Autonomie einer dem Leben der Nation gleichgültig gegenüberstehenden Korporation ist schließlich die geistige Autonomie unserer heutigen Hochschulen hervorgegangen. Indem aber gerade die unsere ihrem Ursprung getreu jahrhundertelang jene äußere Autonomie festhielt, bis diese schließlich dennoch den Machtmitteln und den umfassenderen Zwecken des modernen Staates weichen mußte, hat dieses Beharren zu einem nicht geringen Teil dazu beigetragen, jenen Trieb zur Selbständigkeit, der das korporative Leben der alten Universität erfüllte, dem neuen Geiste einer von äußerem Zwang befreiten selbständigen Wissenschaft dienstbar zu machen.

Noch zu einer anderen Betrachtung mag aber dieser Rückblick auf die Vergangenheit anregen. Mit der Dauer und dem Inhalt eines Einzellebens verglichen, erscheint ein halbes Jahrtausend fast als eine unabsehbare Zeit, die sich mit den Zeiträumen messen kann, in denen Staaten und Völker in der Geschichte auftreten und wieder verschwinden. Und dennoch, wenn wir hier Anfang und Ende zusammennehmen, soweit ein Ende bis dahin erreicht ist, möchte es scheinen, als sei alles Vorangegangene nur Vorbereitung zu einer Entwicklung, in die wir vor kurzem erst eingetreten sind. Das paradoxe Wort Francis Bacons "Antiquitas seculi juventus mundi" ist man versucht, in der Anwendung auf unsere Hochschulen abermals umzukehren: ihre Jugend trug die Last einer greisenhaft überlebten Wissenschaft, von der sie sich in jahrhundertelangem Ringen befreien mußten, ehe sie selbst Trägerinnen einer jungen Wissenschaft werden konnten. Und noch ist die Zeit zu kurz, die seit diesem großen Wandel verflossen ist, als daß sich die Folgen heute schon übersehen ließen. Denn mag immerhin die Zukunft vorbereitet sein in der Vergangenheit, so sind es doch vor allem die Ideen, die die Gegenwart bewegen, die uns den Weg in die Zukunft zeigen. Und für den Wandel, der sich hier im Laufe weniger Dezennien in den Erwartungen, die wir der Zukunft entgegenbringen, vollzogen hat, ist wohl nichts so kennzeichnend, wie die veränderte Beurteilung, die gegenüber der am meisten der äußeren Beobachtung sich aufdrängenden Erscheinung, dem in immer gewaltigerem Maße sich steigerndem Wachstum unserer Universitäten, eingetreten ist. Als die Universität Göttingen im Jahre 1887 das Fest ihres 150jährigen Bestehens feierte, da konnte der Rektor dieser Hochschule nicht umhin, in seiner Festrede schwere Bedenken über den, wie er, und wie mit ihm sicherlich viele damals meinten, viel zu großen Zufluß von Studierenden zu den Universitäten zu äußern. Er sah die Ursache dieses Übelstandes vornehmlich in der das Bedürfnis weit übersteigenden Menge der Gymnasien, die den gelehrten Berufen eine viel größere Zahl von Anwärtern zuführten, als in ihnen untergebracht werden könnten. Daß diese Besorgnis nicht unbegründet war, sofern man, wie bisher, als die wesentliche Aufgabe der Universitäten die Vorbereitung zu irgend einer der Formen der Beamtenlaufbahn sah, wird niemand bestreiten. Trotzdem ist nichts von allem dem eingetreten, was der Redner von damals zur Beseitigung der gefürchteten Übel wünschen mochte. Weder ist die Zahl der Gymnasien vermindert worden, noch hat der Zufluß der Studierenden zur Hochschule abgenommen, sondern das Gegenteil ist geschehen. Die zur Universität vorbereitenden Mittelschulen haben sich fortdauernd vermehrt, die Zahl ihrer Zöglinge ist namentlich in den Großstädten enorm gewachsen, und – was das schlagendste Zeugnis für die Bedeutung dieser Erscheinungen ist – die Berechtigung zur Vorbereitung für die Universität ist in weitem Maße auf Klassen von Unterrichtsanstalten ausgedehnt worden, bei denen eine frühere Zeit dies für ausgeschlossen hielt. Ja, hier konnte es scheinen, als werde der Staat nicht allein, wie es sonst bei solchen Reformen zu geschehen pflegt, von einem in der Bevölkerung sich regenden dringenden Bedürfnis zu solchen Neuorganisationen gedrängt, sondern als suche er selbst dem Bedürfnis nach Kräften zuvorzukommen. Doch, mochte immerhin in diesen neuen Einrichtungen, die alle auf ein steigendes Wachstum unserer Universitäten abzielten, manchmal des Guten zu viel geschehen, – im ganzen läßt sich heute nicht mehr verkennen, daß wir hier einer Bewegung gegenüberstehen, die zu hemmen niemand die Macht hat, weil es schließlich der Wille der Nation ist, der in ihr zum Ausdruck kommt, und dem auch die Hochschulen sich fügen müssen, mögen sie wollen oder nicht. Denn mit unwiderstehlicher Gewalt dringt das Streben nach höherer Bildung in weitere Kreise, während es sich zugleich mit dem zunehmenden Streben nach sozialer Gleichheit verbindet

Aus der Verbindung dieser beiden Motive sind in der Tat zwei in ihrer Richtung entgegengesetzte, in ihrer allgemeinen Tendenz aber gleichartige Bewegungen hervorgegangen, die beide umgestaltend auf unsere Hochschulentwicklung einzuwirken beginnen. Die eine dieser Bewegungen, die vorläufig auf den deutschen Hochschulen noch wenig hervortritt, aber in der Zukunft wahrscheinlich eine größere Bedeutung gewinnen wird, geht von oben nach unten: sie will solche Bevölkerungskreise, denen infolge der nun einmal nie ganz zu beseitigenden Unterschiede der äußeren Lebensbedingungen die direkte Teilnahme an der Bildungssphäre der akademischen Welt versagt ist, so weit wie möglich an den allgemeineren geistigen Interessen teilnehmen und sie die für das Leben wertvollsten Früchte der wissenschaftlichen Arbeit mitgenießen lassen. Die zweite Bewegung, die ungleich mächtigere, geht von unten nach oben: sie will solchen, die sich bis dahin mit einer mäßigen Mittelschulbildung oder mit dem Rüstzeug einer technischen Berufsausbildung begnügen mußten, die allgemeine Hochschulbildung zugänglich machen. Findet dieser Zug nach oben in dem wachsenden Zuströmen zur Hochschule seinen weithin sichtbaren Ausdruck, so äußert sich jener Zug nach unten in einer verborgeneren, doch stetig wachsenden Propaganda, die von den Hochschulen aus in Volkshochschulkursen, Wandervorträgen, Volksbildungsvereinen und anderen Veranstaltungen um die Hebung der allgemeinen Bildung bemüht ist. Vorläufig ist diese Seite der heutigen Universitätsbewegung zumeist noch der freien Tätigkeit einzelner Hochschullehrer und ihrer Schüler überlassen geblieben. Zum Teil hat dies wohl seinen Grund darin, daß es dem Staate und den offiziellen Organen der Universität bis jetzt an den Angriffspunkten fehlt, um diese Bestrebungen mit ihren Mitteln den bisherigen Aufgaben der Hochschule anzugliedern. Unvereinbar würde ja letzteres mit den bestehenden Zielen des Hochschulunterrichts nicht sein. Fände doch hierin jene Erziehung des Schülers zu selbständiger wissenschaftlicher Arbeit, die die Universität erstrebt, nur eine wirksame Ergänzung, zu der die Vorbereitung schon innerhalb der bisherigen Seminarübungen nicht ganz fehlt. Nur daß hier die Erziehung des Schülers zum Lehrer, die zu der des Schülers zum Forscher die Parallele bildet, meistens noch künstlich eingeengt bleibt, da sie in ihrem lediglich auf die Vorübung zu künftiger praktischer Tätigkeit gerichteten Charakter des direkten Nutzens und damit der aneifernden Kraft entbehrt, die der produktiven Arbeit eigen ist.

Mag nun aber auch diese auf die geistige Hebung weiterer Volkskreise gerichtete Bewegung vielleicht dereinst noch einmal zu einer wichtigen neuen Form sozialer Wohlfahrtseinrichtungen führen, an der mitzuwirken die Hochschulen berufen sind, so steht doch gegenwärtig die umgekehrte, die zur eigenen direkten Teilnahme an der Universitätsbildung hindrängt, weitaus im Vordergrund des Interesses. Wie überall, so hat eben auch hier das egoistische Motiv den Vorsprang vor dem altruistischen, und wenn irgendwo, so hat ja das Streben nach eigener Förderung auf geistigem Gebiet seine Berechtigung. Aber indem dieser unaufhaltsame Drang nach Teilnahme an der Hochschulbildung sichtlich bereits beginnt, auf den Charakter der Hochschulen verändernd einzuwirken, tritt an diese selbst wie an die Regierungen, denen die staatliche Fürsorge für diese höchsten Bildungsanstalten anvertraut ist, immer gebieterischer die Pflicht heran, bei Zeiten darauf bedacht zu sein, daß die neuen Zwecke, denen der akademische Unterricht gerecht werden soll, nicht die Güter gefährden, die die Vergangenheit in heißem Kampf sich errungen hat. Wie sehr wir hier inmitten einer in ihren letzten Folgen heute noch nicht zu übersehenden Erweiterung der Ziele unserer Hochschulbildung stehen, das läßt übrigens nicht bloß der wachsende Zudrang zu den Universitätsstudien erschließen, sondern das spricht sich auch in so manchen Parallelerscheinungen aus, die dahin drängen, Lehranstalten, die bisher als hohe Schulen für begrenztere Gebiete gelten konnten, zu eigentlichen Hochschulen zu erheben oder, wo die Bedingungen dazu nicht zureichen, wenigstens ihre Angliederung an die Universität zu bewirken. So stehen die technischen Hochschulen heute bereits auf dem Punkte zu vollen Universitäten zu werden, die sich lediglich durch die abweichende fachliche Sonderung ihrer Fakultäten und durch einen in Anpassung an diese etwas abgeänderten Charakter der für die allgemeinen Bildungsfächer bestimmten Abteilung unterscheiden. Auf der anderen Seite haben sich die landwirtschaftlichen Hochschulen, die Tierarzneischulen, die zahnärztlichen Lehranstalten und Institute vielfach bereits der Universität angegliedert. Dasselbe gilt von den Handelshochschulen, soweit diese nicht in einzelnen bis jetzt der Universität entbehrenden Großstädten selbst mit der Absicht umgehen, nach dem Vorbild der Polytechniken zu Universitäten auszuwachsen. So wird die Hochschule, sei es in ihrer altüberlieferten Form sei es in einer dieser durch spezifische Bildungsinteressen bestimmten Abwandlungen das gemeinsame Ziel aller höheren Bildungsbestrebungen. Hier greift eben in den weitere und weitere Kreise erfassenden Drang nach Bildung der andere nach sozialer Gleichheit mächtig ein, und wenn auch in dieser Verbindung die äußerlichsten Motive zunächst wohl die mächtigsten sind, so darf man immerhin hoffen, daß auch hier das an sich wertlosere Interesse das wertvollere, die Schätzung der geistigen Bildung um ihrer selbst willen, aus sich erzeugen werde. Niemand kann sich aber mehr der Illusion hingeben, diese Bewegung, deren Ziel die eine, vielleicht nach besonderen Bedürfnissen wechselnde, jedoch an innerem Wert und sozialer Geltung gleiche Hochschule ist, könne aufgehalten oder in andere Bahnen gelenkt werden. Und mag auch zuweilen der gesteigerte Zudrang zu einzelnen, namentlich zu den der staatlichen Fürsorge anheimfallenden Zweigen der öffentlichen Beamtenlaufbahn, Sorgen erwecken und Abmahnungen veranlassen, niemand denkt mehr daran, den Zudrang zur Hochschule überhaupt hemmen zu wollen. Eher sucht man durch neue Gründungen in den bis dahin der Universitäten entbehrenden Landesteilen und Großstädten dem Bedürfnis entgegenzukommen.

Diese veränderte Auffassung des Zuges nach der Hochschule entspricht aber zugleich einer immer merklicher werdenden Veränderung nicht bloß in den Vorbedingungen allgemeiner Bildung, welche die zur Universität strömende Jugend mitbringt, sondern vielleicht mehr noch in den Zielen, die sie mit Hilfe der Hochschulbildung zu erreichen sucht. Und hier vor allem liegt die Quelle des Wandels, in den wir eingetreten sind, und der in dem Wachstum der Universitäten nur sein äußerlichstes Symptom hat. Daß sich eine Generation, die in den Traditionen der alten Hochschule aufgewachsen ist, in die neue Situation, der wir hier gegenüberstehen, nicht immer zu finden weiß, ist ja begreiflich. Allzu oft noch betrachtet man eben jenen Wandel nicht als eine mit der gesamten geistigen Bewegung des Zeitalters eng verbundene Erscheinung, sondern man sieht in ihm eine Reihe unabhängiger Veränderungen, bei deren jeder man vor allem zu fragen habe, ob sie den bisherigen Zwecken der Hochschule entspreche oder nicht. Soll das Realgymnasium als eine dem humanistischen gleichberechtigte Anstalt gelten? Sollen die Oberrealschulen, oder unter gewissen Bedingungen sogar die Lehrerseminarien die Vorbereitung auf die Hochschule vermitteln können? Sollen die Frauen in die geheiligten Räume der Alma Mater Zutritt erhalten? Jede dieser Fragen wurde bekanntlich zunächst vor den Hochschulen selbst mit einem energischen Nein, ebenso regelmäßig dann aber durch die folgenden Ereignisse mit Ja beantwortet. Darin liegt schon ein deutlicher Hinweis, daß es sich hier überall nicht darum handelte, wie die neu sich regenden Bedürfnisse den alten Zwecken der Hochschule unterzuordnen seien, sondern umgekehrt, wie die alte Hochschule den ihr gestellten neuen Zwecken gerecht werden könne. Und das ist in Wahrheit die Situation, der wir heute gegenüberstehen. Die Bedürfnisse sind da. Sie heischen Befriedigung, und sie werden sie finden. Aber noch sind wir in einem Übergangszustande. Die alte Organisation der Universitäten reicht nicht mehr aus. Im Hinblick auf das, was sie geleistet hat, und was sie noch leistet, kann es sich aber nimmermehr darum handeln, sie zu zerstören und eine neue an ihre Stelle zu setzen; sondern die Frage kann nur sein, wie unsere Hochschulen, die seit ihrem Ursprung aus dem Studium generale des Mittelalters schon so mannigfache Wandlungen erlebten, auch diese neue, seit den Tagen der humanistischen Wiederbelebung und der Aufnahme der neuen Philosophie und Naturwissenschaft vielleicht die eingreifendste, bestehen sollen, ohne darum den bis dahin erstrebten und in heißem Kampfe errungenen Bildungsidealen untreu zu werden. Und hierauf gibt wohl die allmählich und stetig eingetretene Veränderung in den Absichten, mit denen heute ein großer Teil der studierenden Jugend den Universitäten zuströmt, und der Aussichten, mit denen er von ihnen scheidet, um das Erworbene anzuwenden, die Antwort. Jene Sorgen und Klagen über das Wachstum unserer Universitäten, die sogar in den sonst pessimistischen Stimmungen wenig zugänglichen Festreden unserer Rektoren widerklangen, sind heute verschwunden, weil das Reich der Zwecke, um deren Willen die Universitätsbildung gesucht wird, immer umfassender geworden ist. Seit kaum einem halben Jahrhundert hat der Umkreis öffentlicher wie privater Berufszweige, für die die Hochschulbildung bald als unerläßliches Erfordernis bald wenigstens als wünschenswerte Zugabe zu dem sonst zu erlangenden Nachweis der Befähigung gilt, gewaltig zugenommen. Und fast regelmäßig beobachtet man hier zugleich eine Steigerung in dem Sinne, daß, was eine Zeitlang als wünschenswert galt, allmählich zur Forderung wird. Dabei ist es nicht bloß der Staat, der den Kreis der Beamten, für die er akademische Bildung verlangt, immer mehr in die Breite und Tiefe ausdehnt, die großen Banken, Industrie- und Fabrikunternehmungen, manche Zweige des kaufmännischen Geschäfts, wie besonders der Buchhandel, fordern diese mindestens für die Spitzen ihres Beamtenpersonals. Dazu kommen die Angehörigen aller jener Bildungsanstalten, die, früher außerhalb der Universität stehend, heute Anschluß an sie entweder bereits gefunden haben oder zu finden hoffen. Und diesen Kategorien schließt sich endlich noch eine letzte an: die Mitglieder jener vollkommen freien Berufe, die, der eigentlichen Fachbildung am fernsten stehend, um so mehr eine möglichst vielseitige Bildung erstreben. Hierher gehört die noch immer in fortschreitender Zunahme befindliche Zahl der künftigen Journalisten und freien Schriftsteller, sowie derer, die die akademische Bildung rein um ihrer selbst willen suchen, ein Motiv, das zugleich auf das engste mit dem Einfluß zusammenhängt, den die höhere Bildung auf die soziale Stellung ausübt. Besonders in einem Fall hat sich dieses persönliche, von Berufs- und Erwerbszwecken freiere Motiv wohl heute schon als ein entscheidendes herausgestellt: bei dem Zuströmen der Frauen zu dem akademischen Studium. Wenn in den Anfängen dieser Erscheinung die zu einem künftigen Ärzte- oder Lehrerberuf sich vorbereitenden Studierenden gelegentlich in den Frauen unbequeme Konkurrentinnen erblickten, so hört man heute kaum mehr etwas von solchen Befürchtungen. Instinktiv hat unsere männliche akademische Jugend herausgefühlt, daß das Hauptmotiv der studierenden Frau zumeist gar nicht das künftige Brotfach ist, mag es auch ihrer auf praktische Tätigkeit gerichteten Phantasie Befriedigung gewähren, sich in die Ausübung eines solchen hineinzudenken, sondern der Anspruch auf volle Teilnahme an dem Genuß der höheren Bildung und der Wunsch, der eigenen Arbeit die soziale Geltung zu verdanken, zu der die akademische Bildung berechtigt.

So sehen wir uns denn, wohin wir blicken, heute bereits durch die Macht neu sich regender Lebensbedürfnisse weit über die Ziele hinausgetrieben, denen die Universitäten bis dahin zugewandt waren. Als kirchliche Anstalten waren die alten Hochschulen entstanden. In der Fürsorge für die Erhaltung eines Standes gelehrter Kleriker lernte der Staat sie als Schulen für die Ausbildung eines gelehrten Beamtenstandes gebrauchen und schätzen. Damit hat er in der Bestimmung ihrer Zwecke die Kirche abgelöst. Aber schon hat gegenwärtig eine dritte Macht begonnen, dem Staat in einem weiten und immer mehr sich erweiternden Umfang von Forderungen an die Seite zu treten. Diese dritte Macht ist die Gesellschaft. Sie bedarf fortan des Staates zur Erreichung ihrer Zwecke, ebenso wie dereinst die Kirche zur Durchführung der ihren der Machtmittel des Staates bedurfte. Doch die Gesellschaft mit ihrer vielgestaltigen Menge von freien Berufs- und Lebensformen erhebt so an die Hochschule eine Fülle von Ansprüchen, die weit über die verhältnismäßig fest abgegrenzten engeren Zwecke des Staates hinausgehen. Wer in der Stille des gelehrten Berufslebens früherer Tage aufgewachsen ist, dem kann es darum zuweilen wohl in dem bunten Nebeneinander, dem Drängen und Stoßen, in dem sich diese gesellschaftlichen Kräfte in ihren Anforderungen an die Hochschule begegnen, unheimlich zu Mute werden. Aber der Gang der Geschichte ist unaufhaltsam. Mit elementarer Gewalt drängen die Forderungen der Gesellschaft zu ihrer Erfüllung, und den Hochschulen selbst steht es am wenigsten zu, sich diesem Streben nach Erweiterung und mannigfaltigerer Gestaltung ihrer Bildungswege und Bildungsmittel zu widersetzen. Nur darum kann es sich handeln, das alte Bildungsideal, das den höchsten Wert der Wissenschaft in ihr selbst sieht und an die wissenschaftliche Arbeit die Forderung einer strengen, darum aber auch notwendig bis zu einem gewissen Grade einseitigen Vertiefung in die Probleme stellt, mit dem neuen Bildungsideal in Einklang zu bringen, das gleichzeitig auf Vielseitigkeit der Bildung und auf praktische Verwertung der von ihr gebotenen Mittel dringt.

Diese einander widerstrebenden Bedürfnisse innerhalb der gleichen höheren Bildungsanstalten zu befriedigen, diese Aufgabe ist vielleicht die schwerste, die jemals an die Hochschule herangetreten ist. Dennoch ist allem Anscheine nach das kommende Jahrhundert berufen, sie zu lösen; und vielleicht bildet die Entwicklung, in die unsere Universitäten während der letzten Dezennien eingetreten sind, schon die Anfänge einer solchen Lösung. Denn in dem Maße, als die Universität ihre Pforten weiteren Kreisen öffnet, nimmt die Differenzierung der Lehrfächer und Lehrformen zu, und gewinnt zugleich die Scheidung allgemeinerer Bildungsfächer und besonderer Gebiete der Fachbildung eine wachsende Bedeutung. Daneben schieben sich besondere Lehrkurse ein, die den Übergang von einem Fach zum anderen ermöglichen, der infolge der erweiterten Berechtigung zum Studium immer häufiger geworden ist. Das alles bedingt eine Vermehrung der Lehrkräfte, die sich in ihrer Eigenart der so herbeigeführten Differenzierung des Lehrberufs anpassen müssen. Nicht minder macht sich endlich heute bereits das Bedürfnis geltend, auf der Hochschule selbst schon für eine besondere Vorbereitung zum akademischen Lehramt Sorge zu tragen und so einem der bedenklichsten Mängel unseres Habilitationswesens, der laxen, auf Lehrbefähigung und manchmal selbst auf wissenschaftliche Leistungen allzu wenig Rücksicht nehmenden Zulassung zum akademischen Lehrfach zu steuern. Unter der alten, strenger auf bestimmte Fachprofessuren eingeengten Herrschaft der Brotstudien hat sich die heute noch zum Schaden der Hochschule verbreitete Vorstellung ausgebildet, das Recht zu dozieren sei für die Universität selbst von untergeordneter Bedeutung, die Habilitation sei also ein Wagnis, das zu unternehmen man dem einzelnen auf eigene Gefahr überlassen könne. Die Erweiterung des Wirkungskreises der Universitäten hat diese Anschauung, wenn sie je berechtigt war, völlig unhaltbar gemacht. Der Universität tüchtige jüngere Lehrkräfte zuzuführen, die als aktive Mitarbeiter an der Erfüllung ihrer Aufgaben immer unentbehrlicher werden, sollte als eine der verantwortungsvollsten Pflichten betrachtet werden. Auch hat hier schon die neuere Entwicklung der allmählich über alle Fachgebiete sich ausdehnenden Institute mit ihren Assistenten wohl die Wege zu einer Reform dieser Zustände gewiesen. In den Assistenten, dann in den Mitgliedern der Seminarien und Laboratorien hat sich besonders für die spezifischen Berufsfächer von selbst bereits eine Abstufung ausgebildet, die stetig von den älteren zu den jüngeren Assistenten und endlich zu den selbständiger arbeitenden Studierenden herabreicht, so daß hier allmählich der Schüler in den Lehrer übergeht und dabei die günstigste Gelegenheit findet, seine Kraft zu erproben, um sich zu einem künftigen unabhängigen Lehrberuf vorzubereiten.

Hier überall hat die Universität, dem Zwang der Bedürfnisse folgend, zum Teil aus sich heraus schon die Einrichtungen geschaffen, durch die sie den neuen Forderungen des akademischen Lebens entgegenkommt. Aber auf die Dauer wird es doch nicht zu vermeiden sein, daß diesen von selbst entstandenen Anfängen eine planvoll vorgehende Organisation zu Hilfe komme, in deren Ausbildung Hochschulen und Regierungen zusammenwirken müssen. Innerhalb der Hochschulen, denen ja die Mängel der bisherigen Einrichtungen am ehesten fühlbar werden, beginnen sich in der Tat schon mannigfache Bestrebungen dieser Art zu regen. So die Hochschultage, die Rektorenkonferenzen, endlich die innerhalb der jüngeren Mitglieder des Lehrkörpers um sich greifenden Vereinsbildungen, in welchen, wie unbestimmt oder unpraktisch auch noch die zuweilen auftauchenden Vorschläge sein mögen, doch das berechtigte Bewußtsein zur Geltung kommt, daß die aus freier eigener Wahl tätigen oder zu spezielleren Zwecken herangezogenen Mitglieder des Lehrkörpers immer mehr zu unentbehrlichen Hilfskräften der Hochschule geworden sind. Wie die Universitäten, so rüsten sich aber auch wohl die Regierungen, den neu sich regenden Ansprüchen zu genügen, wie sich aus manchen, vorläufig besonders die Stellung jener unentbehrlichen Hilfskräfte regelnden Maßnahmen entnehmen läßt.

So gehen wir denn nicht unvorbereitet den neuen Aufgaben entgegen, die das nächste Jahrhundert auch an unsere Hochschule stellen wird. Schon einmal haben sich unsere Universitäten durch den Kampf neuer gegen alte Bildungsideale hindurchringen müssen. Das war der Kampf des Humanismus und der ihm folgenden neuen Philosophie und Naturwissenschaft gegen die absterbende Scholastik. Aber wenn wir heute abermals von einem alten und einem neuen Bildungsideale reden, so handelt es sich nicht, wie in jener fernen Vergangenheit, um einen Kampf unversöhnlicher Gegner, aus dem nur einer von beiden als Sieger hervorgehen konnte, sondern um die Aufgabe, mit jenem in der Vergangenheit neu errungenen, für die Gegenwart alten Bildungsideal das neue der Zukunft zur Einheit zu verbinden. Denn jenes alte Bildungsideal können wir nicht preisgeben, ohne das wertvollste Gut, das sich die deutsche Hochschule errungen, die Einheit von Lehre und Forschung, schwer zu gefährden. Dem neuen Bildungsideal aber, das die in Staat und Gesellschaft wirksamen Kräfte erzeugt haben, können wir nicht uns entziehen. Da ist es denn ein Glück, daß jenes alte und dieses neue Ideal keine unversöhnlichen Gegner sind, sondern daß vielmehr jedes das andere gebieterisch als seine Ergänzung fordert. So möge denn in dem friedlichen Wettstreit der Geister um die alten und neuen Werte des Lebens, bei dem jeder fremde Sieg zugleich einen eigenen Sieg bedeutet, auch unsere Hochschule eine ehrenvolle Stellung behaupten!

Anhang.

Die Leipziger Immatrikulationen und die Organisation der alten Hochschule.

Mit einer Kurventafel.

Von Gelehrten, die sich mit der Geschichte unserer Universitäten beschäftigt haben, ist mehrfach versucht worden, die Zahlenverhältnisse der Studierenden an diesen hohen Schulen in den älteren Zeiten ihres Bestehens, über die uns keine direkten Aufzeichnungen überliefert sind, zu ermitteln. Für die Beurteilung des geistigen Lebens in den verschiedenen Perioden und an den verschiedenen Orten würde ja ein solches Bild von hohem Werte sein, so sehr man dabei auch die allgemeinen Bevölkerungsverhältnisse mit in Rücksicht zu ziehen hätte, über die bekanntlich die Grundlagen statistischer Feststellungen in älterer Zeit zum Teil ebenfalls höchst mangelhafte sind. Mit ihnen verglichen ist vielleicht sogar das Material, das uns die Universitätsmatrikel der meisten deutschen Hochschulen bis zu ihren Anfängen hinauf bieten, ein verhältnismäßig vollkommenes zu nennen. Denn hier pflegen die Zugänge an Schülern und Lehrern von Jahr zu Jahr mit ziemlich großer Gewissenhaftigkeit verzeichnet zu sein. Freilich ist aber daraus über die wirkliche Frequenz der Hochschulen unmittelbar nichts zu entnehmen; sondern, um das zu können, müßten wir außerdem auch die Zahl der von Semester zu Semester Abgehenden oder mindestens die der Studienjahre kennen, die der einzelne durchschnittlich auf der Universität zu verbringen pflegte. Da uns diese Daten unbekannt sind, so pflegt man gewisse Voraussetzungen über die mittlere Dauer des Studiums, oder wohl auch die in einzelnen, freilich sehr seltenen Fällen ausgeführten Zählungen der zu einem bestimmten Zeitpunkt Anwesenden den Schlüssen über die Frequenz unserer Hochschule

zu den verschiedenen Zeiten ihres Bestehens zugrunde zu legen[1] .
Daß in allen diesen Fällen die Ergebnisse höchst unsicher sind, ist
selbstverständlich. Auch kann man sich dem Eindruck nicht ganz
verschließen, daß der heutige Statistiker, wenn er solche Wahr-
scheinlichkeitserwägungen anstellt, bei aller Rücksicht auf die so
weit abweichenden Zustände des Gelehrtenunterrichts früherer
Zeiten, doch immer noch, ohne es zu wollen, allzu geneigt ist, jene
Zeiten an dem Maße unseres heutigen Universitätslebens zu messen. Das ist aber in doppelter Weise irreführend. Nicht nur sind die
Verhältnisse zu verschiedenen Zeiten außerordentlich abweichende,
sondern es fehlt auch selbst zu einer und derselben Zeit nicht an
lokalen Eigentümlichkeiten, die namentlich das Verhältnis zwischen den relativ beständigeren Mitgliedern der Hochschule und
den fluktuierenderen Bestandteilen zu einem äußerst wechselnden
machen. Das einzige, was sich daher als Resultat solcher statistischer Erwägungen festhalten läßt, ist wohl dies, daß wir im allgemeinen die Frequenzziffern der älteren deutschen Universitäten viel
niedriger anzunehmen haben, als man nach früheren Schätzungen
vermutete, und daß sie 400–600 wohl selten überstiegen haben werden. Wenn demnach das Album der Leipziger Universität gleich für
das erste Semester 1409/10 neben 35 Baccalaren und 50 Magistern
356 Scholaren verzeichnet, so dürften diese Zahlen ziemlich annähernd der gewöhnlichen Frequenzziffer deutscher Universitäten
entsprechen, wie sich diese nach der großen Katastrophe der Prager
Hochschule im Jahre 1409 gestalteten. Nur Prag selbst, als die älte-
ste Gründung auf deutschem Boden (1348), und nächst ihm Wien
(1365) scheinen ihrem großen Pariser Vorbild näher gekommen zu
sein. Die Zahl 2500, die für Prag vor der Auswanderung angegeben
wird, mag daher nicht zu hoch gegriffen sein, da, abgesehen von

---

[1] Der erste dieser Wege ist für Leipzig von Drobisch eingeschlagen worden, der
freilich, da er die durchschnittliche Studienzeit offenbar viel zu hoch ansetzte
und den Wechsel der Universitäten nicht in Rücksicht zog, Frequenzziffern
erhielt, die jedenfalls zu groß waren (Berichte der sächs. Ges. der Wiss. Bd. 2,
1849, S. 60 ff.). Zu erheblich kleineren Zahlen gelangte unter Berücksichtigung
des letzteren Momentes Paulsen (Die Gründung der deutschen Universitäten,
Sybels Histor. Zeitschrift, Bd. 45, 1881, S. 289 ff. Die deutschen Universitäten,
1902, S. 20 f.). Die vereinzelten Fälle einer Zahlung der Gesamtfrequenz sind
daneben von Eulenburg verwertet worden (Abhandlungen der sächs. Ges. der
Wiss. Phil.-hist. Kl. Bd. 24, 1904, S. 63 ff.).

der Gründung Leipzigs, die Ausgewanderten aus der böhmischen Hauptstadt sich in nicht unerheblicher Zahl über andere deutsche Universitäten verteilten. Daß diese einen solchen Zuwachs infolge der Prager Katastrophe kaum erkennen lassen, ist kein Beweis hiergegen, da jene Ausgewanderten nach der Sitte der vagierenden Scholaren wahrscheinlich längere Zeit hin und her zogen und sich über ein ziemlich weites Gebiet verbreiteten. Auch die Angabe, daß annähernd 2000 von Prag weggezogen seien, ist daher möglicherweise nicht zu hoch gegriffen, so sehr man bei solchen abgerundeten Zahlen bekanntlich mit der Neigung zu Übertreibungen zu rechnen hat. Unverhältnismäßig groß erscheint nur gegenüber den späteren Einzeichnungen in unsere Leipziger Matrikel die Zahl der Magister und Baccalaren, die zusammen beinahe den vierten Teil der Ankömmlinge ausmachen. Man darf wohl daraus schließen, daß die älteren, graduierten Mitglieder die Führer der Separation waren, wie sie denn auch auf allen deutschen Hochschulen, ebenso wie in Paris, allein die eigentliche Korporation bildeten, in die den Scholaren erst durch ihre Graduierung der Zutritt eröffnet wurde. Darin bestand zugleich ein wichtiger Gegensatz zu den italienischen Universitäten, auf denen die Scholaren selbst den Stamm der Korporation ausmachten.

Je beschränkter demnach auf den deutschen Hochschulen die Mitgliederzahl der letzteren war, um so strenger hielt sie aber auf ihre Rechte und Privilegien, und um so weniger war sie geneigt, fremde Elemente unter sich zu dulden. Der zugewanderte Magister mochte lehren – daran konnte man ihn nicht hindern – aber in die Körperschaft aufgenommen war er damit noch nicht. So kam es, daß nicht bloß die Schüler, sondern auch manche Lehrer außerhalb derselben stehen konnten. Hierin war zugleich das Mittel gegeben, durch welches die Landesregierung der Hochschule Lehrer zuführen konnte, die nicht auf dem gewöhnlichen Wege der Promotionen an der gleichen Hochschule in ihre Lehrstellen aufgerückt waren, sondern die der Landesfürst von außen berief. Solche "extra ordinem" Berufene dürfen natürlich nicht mit unseren heutigen Extraordinarien verwechselt werden. Dagegen bilden sie offenbar die Anfänge des späteren Berufungssystems, das somit zunächst als ein Eingriff in die Autonomie der Hochschule angesehen wurde. Wo die Universität selbst eine fürstliche Gründung war, da mußte sich dann natürlich die Korporation solchen außergewöhnlichen Ernennungen fügen, und sie nahm wohl in der Regel die so Berufenen in sich auf. Wo sie aber die alte politische Autonomie bewahrt hatte, da mußte dies keineswegs geschehen. So weigerte die Leipziger Universität den von Herzog Georg extra ordinem berufenen Humanisten die Aufnahme in ihre Korporation. Alle diese Verhältnisse in ihrem komplizierten Zusammenwirken machen nun eine Berechnung der Frequenzzahlen unserer Universitäten in früheren Zeiten unmöglich, abgesehen von dem Gründungsjahr, wo Immatrikulations- und Gesamtzahl zusammenfallen, aber aus naheliegenden Gründen für die Folgezeit nicht maßgebend sind. Dazu kommt nun noch ein anderes Moment, das, so viel ich sehen kann, bei den Versuchen, aus den Immatrikulationszahlen Frequenzzahlen zu berechnen, so gut wie unbeachtet geblieben ist. Jede der alten Universitäten zerfällt in zwei wesentlich verschiedene Bestandteile. Der erste besteht aus den Mitgliedern der eigentlichen Korporation mit den sich auf den Eintritt in diese vorbereitenden Studierenden. Er umfaßt also die der Korporation angehörigen Magister sowie diejenigen Scholaren und Baccalaren, die an der gleichen Universität einmal zur Magisterwürde und eventuell durch sie zu der Lizentiaten- und Doktorwürde einer der höheren Fakultäten vorzudringen wünschen. Dazu kommt dann aber als ein zweiter sehr wechselnder Bestandteil eine größere oder kleinere Zahl Ab- und Zuwandernder, die nur wenige Semester, manchmal wohl nur ein einziges, an der gleichen Universität verweilen. Sie sind natürlich meist Scholaren. Aber auch Magister, die irgend einer andern Universität fest angehören oder selbst ein fortwährendes Wanderleben führen, zählen hierher: die Scholaren hörend und lernend, die Magister lehrend, wie gerade die Gelegenheit günstig ist. Zu diesen fluktuierenden Mitgliedern gehören dann mitunter auch durchreisende Gelehrte, die man auffordert, sich in das Album der Universität einzuzeichnen. Andererseits werden in besonderen Fällen und auf den einzelnen Universitäten wahrscheinlich in verschiedener Ausdehnung aus dem weiteren Kreis der Universitätsangehörigen, der ihrer Jurisdiktion unterworfenen Beamten, Pedelle, Handwerker u. dgl., einzelne in die Listen eingetragen. Endlich gehören hierher die zu Zeiten, besonders in der zweiten Hälfte des 16. und im 17. Jahrhundert, stark an Zahl anschwellenden Minderjährigen, die zum Schwur nicht zugelassen, aber doch in die Matrikel aufgenommen wurden, und die, da ihre Immatrikulation zuweilen schon in frühem Kindesalter stattfand, jedenfalls nur zum Teil und zu gewissen Zeiten gewiß nur zum allerkleinsten Teil den eigentlichen Studierenden zugerechnet werden können. Sie allein werden zugleich als "non jurati" oder "pueri" besonders vermerkt. Alle andern Kategorien werden aber unterschiedslos eingetragen oder nur nach den Nationen gesondert.

Hieraus erhellt, daß von einer "mittleren Studienzeit" und von einer durchschnittlichen Aufenthaltsdauer an der gleichen Hochschule bei den älteren Universitäten überhaupt kaum die Rede sein kann. Variiert doch die letztere zwischen der ganzen Lebensdauer, die ein als Kind immatrikuliertes Mitglied der Universität angehören konnte, und einem Semester oder einem Bruchteil eines solchen, die einer jener nirgends lange ausharrenden fahrenden Scholaren am gleichen Ort blieb. Charakteristisch ist in dieser Beziehung besonders der Unterschied der Sommer- und Wintersemester, der nicht bloß in Leipzig, sondern auch in Erfurt, Frankfurt a. 0., Heidelberg und demnach vermutlich bei allen Universitäten zu bemerken ist. Er besteht darin, daß die Zahl der Immatrikulationen im Sommer meist viel beträchtlicher ist als im Winter. In Leipzig sinkt sie im Winter in einigen Fällen bis auf die Hälfte des vorangehenden oder folgenden Sommers. Der Unterschied selbst bleibt aber in der gleichen Richtung bis in den Anfang des 19. Jahrhunderts bestehen, wo er nun allmählich dem umgekehrten, noch heute zu beobachtenden Wechsel Platz macht: Leipzig wird, wie alle Universitäten in Großstädten, zur Winteruniversität, deren Bevölkerung im Sommer teilweise nach den Sommeruniversitäten der kleineren Städte, besonders Süddeutschlands, abflutet. Ausnahmen von der ersten Regel finden sich in früheren Zeiten höchstens da, wo andere den Bestand der Universität erschütternde Ereignisse, wie Krieg oder Pest, vorübergehend ihre Wirkungen ausüben. Da nun bei den sämtlichen älteren Hochschulen jener Unterschied der Sommer- und Winterfrequenz in der gleichen Richtung wiederkehrt, so hat er offenbar allgemeingültige Ursachen, die mit dem heutigen Hin- und Herfluten zwischen Winter- und Sommeruniversitäten nichts zu tun haben. Diese letztere Erscheinung findet ihren naheliegenden Kommentar in dem im letzten halben Jahrhundert zu so großen Dimensionen angewachsenen Sommerfrischleben der Großstädter.

In den früheren Jahrhunderten leerten sich dagegen die Hochschulen im Winter ebenso wie die Landstraßen von den fahrenden Gesellen verschiedenster Gattung. Der Unterhalt in der Universitätsstadt wurde für den ärmeren Scholaren kostspieliger. Die rauhe Jahreszeit trieb ihn an den väterlichen Herd zurück, worauf er sich dann im nächsten Sommer einer neuen oder auch wieder der gleichen Universität zuwandte; daher denn auch z. B. in Leipzig die Abnahme im Winter mehr auf Rechnung der Sachsen als der Ausländer kam. Wahrscheinlich werden übrigens die der Korporation fester angegliederten Scholaren an solchem Hin- und Zurückwandern verhältnismäßig wenig beteiligt gewesen sein, da es die Vorbereitung zu den für das Aufrücken unter die Graduierten erforderlichen Examinibus und Disputationen empfindlich hindern mußte. Bedenkt man aber, wie ungeregelt das Studium und die Zulassung zu demselben waren, und wie viele höchst mangelhaft vorbereitet zur Universität kamen, so wird die Menge jener fluktuierenden Elemente sicherlich keine geringe gewesen sein; und gar manche von ihnen mögen, nachdem sie an verschiedenen Universitäten herumgezogen waren, irgendwo sonst, in einem Kloster oder in einem bürgerlichen Beruf, Unterkunft gefunden haben oder auch auf der Landstraße verdorben sein. Dazu kommt, daß die Korporation den Kreis derer, die zu Baccalaren und namentlich zu Magistern promoviert werden wollten, schon deshalb einschränken mußte, da der Magister kein bloßer Titel war, sondern eo ipso die Berechtigung in sich schloß, in der Artistenfakultät zu lehren, die Magisterwürde aber außerdem die Vorbedingung zum Eintritt in eine der höheren Fakultäten bildete, innerhalb deren die Lehrberechtigung wiederum von der Verleihung des rite erworbenen Lizentiaten- und Doktortitels abhing. Auf diese Weise waren diese höheren Fakultäten streng gegen die Artisten- oder heutige philosophische Fakultät abgegrenzt, deren Mitglieder zu den ihnen obliegenden Vorlesungen über die allgemeinen, nach dem Aristotelischen Schema gegliederten Wissenschaften, wenn Bedürfnis vorhanden war, auch noch einzelne Baccalaren zuzogen. So erstreckte sich um die engere Korporation ein weiterer Kreis von "Assessores", die im allgemeinen ebenfalls zu den dauernden Mitgliedern der Universität gehörten, von den korporativen Rechten aber ausgeschlossen waren, und die also einigermaßen den Privatdozenten oder Repetenten heutiger Hochschulen zu vergleichen sind. Zwischen den

Magistern der philosophischen und den Doktoren und Lizentiaten der höheren Fakultäten waren aber diese Rechte derart verteilt, daß in der Würde der Lehrfächer und der Lehrberechtigung die drei höheren Fakultäten über der philosophischen standen, daß dagegen in der körperschaftlichen Organisation und politischen Repräsentation der Universität die letztere den ersteren vorging. Darum war noch lange jedes Mitglied einer der höheren Fakultäten berechtigt, auch aus dem Umkreis der philosophischen Fächer Vorlesungen zu halten. Führte doch schon der Besitz der Magisterwürde, die zugleich die Bedingung zu einer höheren Fachprofessur war, dieses Recht mit sich. So gehörten noch im 18. Jahrhundert die beiden hervorragendsten philosophischen Lehrer und Schriftsteller der Leipziger Universität, der eine, Christian Crusius, der theologischen, der andere, Ernst Platner, der medizinischen Fakultät an. Der Rektor aber wurde ursprünglich aus den Mitgliedern der Artistenfakultät wechselnd nach der Reihenfolge der vier Nationen gewählt. Sie bildeten so die Teile der politischen Korporation, welcher der Rektor vorstand, während die Fakultäten unter ihren Dekanen die Lehrgemeinschaft der Universität zusammensetzten. Gerade die strenge Fixierung dieser beiden Gemeinschaften, der Universitas der Nationen und des Studium generale der Fakultäten, hat in Leipzig und hat wohl in ähnlicher Weise auch auf den andern älteren Universitäten Deutschlands dazu beigetragen, daß trotz einzelner Reibereien und selbst ernsterer Kämpfe zwischen den Fakultäten, wie einen solchen z. B. Halle noch im 18. Jahrhundert erlebte, der Friede im ganzen gewahrt blieb.

So ist es gekommen, daß sich in Deutschland das alte Studium generale mit seinen vier Fakultäten bis in unsere moderne Hochschule gerettet hat. wogegen das gemeinsame Vorbild dieser deutschen Gründungen, Paris, durch den Zwist der Fakultäten frühe schon der Auflösung der Universität in Fachschulen erlegen ist. In Deutschland war es im allgemeinen der fürstliche Absolutismus, der solche Separation hinderte. Der Wille des Fürsten wies die Streitenden zur Ruhe, und wo ein Einzelner als der Störenfried erschien, da wurde er seines Amtes entsetzt oder sogar, wie Christian Wolff, des Landes verwiesen. Was anderwärts der Wille des Fürsten, das bewirkte jedoch in Leipzig, das sich seiner alten Autonomie erfreute, wohl vor allem der fortwährende Kampf gegen äußere Feinde, in erster Linie gegen die Stadt, den "Inimicus" schlechthin, wie sie zeitweise in den ersten Jahrhunderten genannt wurde, und zum Teil auch gegen die Regierung, der gegenüber die Hochschule ihre Selbständigkeit zu wahren suchte.

So hat hier die aus den eigenartigen Bedingungen ihrer Gründung stammende korporative Autonomie wiederum den konservativen Geist, und beide zusammen haben den Frieden zwischen den in der Universität zusammengehaltenen Gliedern gesichert. Hierin findet dann aber auch die lange Bewahrung der Einteilung in die vier Nationen ihre politische Rechtfertigung. Die philosophische Fakultät repräsentierte die Einheit der Hochschule. Als solche bedurfte sie eines in der Organisation dieser Einheit gelegenen Gegengewichts gegen die zentrifugalen Kräfte der vier Fakultäten. Ein solches gaben die vier Nationen, die, ohne Rücksicht auf die Zugehörigkeit zu einer Fakultät, den Lehrkörper samt den Schülern nach dem Prinzip der Landeszugehörigkeit, im übrigen aber, da sich dieses Prinzip mit einer annähernd gleichmäßigen Teilung niemals strenge vereinigen ließ, ziemlich willkürlich gliederten. Darum nun die ganze Verwaltung der Hochschule und ihrer Repräsentation nach außen auf den Nationen, die Regelung der Stadien im Einzelnen und besonders der Fachbetrieb auf den Fakultäten aufgebaut war. Indem für die Bursen und Konvikte, für die Wahl des Rektors und für die von diesem vorzunehmende Einzeichnung in die Matrikel nur die Nationen, nicht die Fakultäten maßgebend waren, konnte die Universität ihre Einheit und die auf sie gegründete Autonomie nur bewahren, indem sie zugleich an diesen Nationen festhielt.

Hieraus erklärt es sich, daß unsere Matrikelbände auch noch über einen letzten Punkt keine Auskunft geben, der neben einer Gesamtziffer der Studierenden von Interesse sein würde: über die Fakultätszugehörigkeit. Dies gilt wegen der oben erwähnten Berechtigung aller Lehrer der Hochschule, in der Facultas artium zu dozieren, bis zu einem gewissen Grade auch für die Professoren. Daß von dieser Berechtigung vielfach Gebrauch gemacht wurde, ersieht man aus manchen einzelnen Mitteilungen. So gehörte Kaspar Borner der theologischen Fakultät an; er las aber mit Vorliebe über die Geometrie des Euklid. Dieses Übergreifen der Fakultäten reicht noch in das 18. Jahrhundert und selbst in den Anfang des 19. hinein. In jenem ist sie, dem Zug dieses Zeitalters zu universeller Bildung folgend, sogar besonders verbreitet. Zugleich bricht aber allmählich und allerdings nicht ohne ein gewisses Widerstreben der höheren Fakultäten, namentlich der theologischen, die Tendenz durch, dieses Übergreifen zu einer allgemeinen Berechtigung zu erweitern, so daß jedes ordentliche Mitglied einer Fakultät auch über Gegenstände einer andern lehren dürfe. Reste dieser Auffassung sind noch heute, namentlich hinsichtlich der allgemeineren, in das Gebiet der Philosophie herüberreichenden Lehrgegenstände stehen geblieben.

Obgleich nun nach dem Vorangegangenen die Matrikel unserer Hochschulen, namentlich in älterer Zeit, auf keine der Fragen, über die wir uns an sie um Auskunft wenden möchten, eine solche direkt oder indirekt geben können, und obgleich daher alle Annahmen über durchschnittliche Dauer des Studiums, Gesamtfrequenz der Universitäten, Zugang zu den sogenannten gelehrten Berufen teils völlig in der Luft stehen, teils nachweislich falsch sind, so entbehren doch die Immatrikulationsziffern selbst keineswegs eines allgemeineren kulturgeschichtlichen Interesses. Aus so verschiedenen, für uns nicht mehr zu sondernden Faktoren sich diese Zahlen zusammensetzen, in ihrer Gesamtwirkung liegt immerhin ein gewisses Maß für die Stärke, in der in den verschiedenen Zeiten die Tendenz nach gelehrter Bildung wirksam gewesen ist und den Strom derer, die sich der einzelnen Universität zuwandten, in seiner Zu- und Abnahme geregelt hat. Dabei zeigt dann freilich die nähere Verfolgung dieser Zahlen selbst, wie verkehrt es sein würde, wenn wir in Bausch und Bogen, unsern heutigen Anschauungen folgend, Immatrikulierte und "Studierende" einander gleichsetzen wollten. Abgesehen davon, daß, wie oben bemerkt, von außen gekommene und eventuell ganz vorübergehend an der Universität weilende Magister und Doktoren ebenfalls immatrikuliert wurden, und von dem wichtigen Unterschied der Studierenden, die dauernd in die Korporation einzutreten strebten, und derer, die als fahrende Schüler kamen und gingen, bieten namentlich die Minorennen, die zu Zeiten einen sehr ansehnlichen Teil der Gesamtheit ausmachten, ein ganz Ungewisses Kontingent zu der Immatrikulationsziffer. Die Matrikel älterer Zeit vereinigt so im wesentlichen vier Bedeutungen in sich: sie ist erstens ein Verzeichnis derer, die als Lehrende und Lernende dauernd in die Korporation eintreten; sie ist zweitens eine

Liste derer, die sich zu ganz vorübergehendem Studium an der Universität aufhalten. Sie ist sodann drittens ein Verzeichnis solcher, die die Wohltat oder Ehre einer Aufnahme in die Mitgliederliste erwerben wollen, ohne darum notwendig eine Teilnahme an den Studien zu beabsichtigen; und sie nimmt viertens gelegentlich den Charakter eines Fremdenbuchs an, in das ein durchreisender Gelehrter oder sonst eine ausgezeichnete Persönlichkeit ihren Namen einschreibt. Unter diesen Bestandteilen stehen schon die beiden ersten, aus denen sich das Kontingent der eigentlichen Studierenden zusammensetzt, unter so verschiedenen Bedingungen, daß die Berechnung einer mittleren Studienzeit um so fragwürdiger wird, als wir von dem Zahlenverhältnis beider Bestandteile so gut wie nichts wissen, und als dieses Verhältnis je nach den Zeitbedingungen wahrscheinlich sehr großen Schwankungen unterworfen gewesen ist. Dazu kam endlich, daß die Universität, da sie nicht bloß "Studium", sondern auch politische Korporation war, auch inaktive Mitglieder aufnehmen konnte, ähnlich wie eine Handwerkerzunft, der man gelegentlich angehörte, ohne von dem Handwerk etwas zu verstehen, und daß zu Zeiten, wie die Kinderimmatrikulationen lehren, die Zahl dieser entweder immer inaktiv bleibenden oder erst später unter die Studierenden eintretenden Mitglieder eine ungewöhnliche Höhe erreichte. Hierbei mögen denn die Immatrikulationsgelder ein nicht unwillkommenes Emolument der meist sehr knapp oder gar nicht besoldeten Mitglieder der Artistenfakultät gebildet haben. Man darf das wohl aus der Sorgfalt schließen, mit der z. B. die Leipziger Rektoren deren Höhe besonders in den Fällen verzeichnen, wo ein reicher Scholar eine über der gewöhnlichen Taxe stehende Gabe darbrachte. Allzu ängstlich wird man daher auch in einer Zeit, in der sich in diesen gemilderten Formen das Trinkgeldwesen bis hoch hinauf in die Gelehrtenkreise erstreckte, mit der Zulassung zur Immatrikulation nicht gewesen sein, zumal da es an Vorbedingungen wissenschaftlicher Art noch ganz fehlte. Alle diese Faktoren, aus denen sich die Immatrikulationsziffer zusammensetzt, müssen vollends ununterscheidbar zusammenfließen, wenn man die Frequenzziffern verschiedener Hochschulen, die natürlich nicht alle zur gleichen Zeit unter den nämlichen Bedingungen standen, zu Durchschnittswerten vereinigt, oder wenn man die letzteren über einen größeren Zeitraum ausdehnt. Wie wenig übrigens in der älteren Zeit, wenn man je einmal zahlenmäßige Feststellungen vornahm, an die Fragen gedacht wurde, die für uns heute bei einer Statistik des Gelehrtenunterrichts im Vordergrund stehen, dafür bilden die spärlichen Anfänge einer solchen Statistik, die sich in den Bänden unserer Matrikel finden, einen sprechenden Beleg. Sie beziehen sich nämlich stets nur auf die Gesamtzahl der Immatrikulierten vom Beginn der Gründung an. Zum erstenmal geschieht es im Winter 1517/18, daß der regierende Rektor auf den Gedanken gerät, alle bis dahin Immatrikulierten zusammenzuzählen und sie, wie eine Nachprüfung lehrt, nicht ganz, aber doch annähernd richtig auf 34319 feststellt. Sein Beispiel findet in den folgenden Jahren dann und wann Nachahmung. Vom Anfang des 17. bis in das zweite Jahrzehnt des 18. Jahrhunderts kommen endlich mehrere Perioden, wo diese Bestimmungen der Gesamtziffer seit der Gründung alljährlich wiederholt werden: so 1600–1609, 1615–1671, 1681–1720, in welchem letzteren Jahr die Gesamtziffer glücklich auf 133 253 angewachsen ist. An eine Sonderung nach Nationen oder Fakultäten, an eine Ausscheidung der in diesen Zeiten nicht geringen Anzahl der Minorennen wird dabei durchaus nicht gedacht. Es ist offenbar nur die Freude an der großen Zahl, gleichgültig was sie bedeutet, von der man beseelt ist. Dies ist um so bezeichnender, als es zumeist die Zeiten des Tiefstandes der Studien an unserer Universität sind, z. B. die Zeiten während des Kriegs, wo die Zahl der in einem Semester Immatrikulierten etwa auf ein Dutzend herabsinkt oder nur durch die Hinzurechnung der Kinder auf eine respektable Höhe sich erhebt, in denen die Häupter der Hochschule in diesen statistisch wertlosen Gesamtziffern schwelgen. Vom Jahre 1720 an verschwinden diese Zählungen völlig. Niemand denkt aber überhaupt in diesen ganzen fünf Jahrhunderten bis gegen die Mitte des vorigen Jahrhunderts je einmal daran, die wirkliche Frequenz eines Semesters zu ermitteln oder wenigstens durch die Verzeichnung der Abgänge eine solche Ermittelung möglich zu machen. Bei diesem Mangel an Interesse ist daher vollends auf schätzungsweise Angaben gar kein Wert zu legen. Hier treibt die Lust an großen Zahlen, die sich bei jener Bestimmung der Gesamtziffer von 1409 an immerhin noch einer gewissen zwecklosen Nüchternheit befleißigt, ihr verwegenstes Spiel, und es kommt ihr gelegentlich wohl nicht darauf an, die Hunderte in Tausende zu verwandeln. Umgekehrt aber, wo je einmal auf Veranlassung eines Fürsten unternommen wurde – in Leipzig scheint ein solcher Fall nicht vorgekommen zu sein – die Zahl der anwesenden Akademiker wirklich zu zählen, da ist es nicht ausgeschlossen, daß die Beteiligten dies, ähnlich wie es so manchmal bei allgemeinen Volkszählungen oder andern statistischen Erhebungen geschah, als eine unbequeme und vielleicht sogar bedenkliche Zudringlichkeit empfanden, so daß nun in der umgekehrten Richtung mehr oder minder erhebliche Fehler sich einstellten. Zudem sind solche Zählungen so seltene Ereignisse, daß sie an und für sich allgemeine Schlüsse nicht zulassen.

So bleiben denn die Immatrikulationszahlen selbst in ihrem unmittelbaren Bestand schließlich das einzige hinreichend zuverlässige Hilfsmittel, um für die Bewegung innerhalb der Hochschulen einigermaßen quantitativ vergleichbare Resultate zu gewinnen. Diese unmittelbaren Matrikelzahlen bieten dabei immerhin zugleich die Möglichkeit, den Einfluß einzelner Bedingungen zu würdigen, die in jene Bewegung bestimmend eingreifen. Wir haben eben hier einen jener Fälle vor uns, wo die vergleichende singuläre Beobachtung wertvoller ist als die Massenbeobachtung, die die spezifischen Motive der Erscheinungen verschwinden läßt, ohne dafür durch irgendein eindeutiges Kollektivergebnis zu entschädigen.

Im Hinblick hierauf habe ich schon in den Jahren 1889/90 ein Verzeichnis der Immatrikulationsziffern der Leipziger Universität seit ihrem Gründungsjahre angelegt, und dasselbe ist seitdem in dankenswerter Weise von unserem Universitätssekretariat bis zur Gegenwart weitergeführt worden. Da sich die Leipziger Matrikel, die überdies in zwei Exemplaren vorhanden ist, durch lückenlose Vollständigkeit auszeichnet, so eignet sie sich schon aus diesem Grunde wohl vor andern zu einer solchen Einzelbetrachtung.[2] Für die Verhältnisse in den früheren Jahrhunderten ist aber Leipzig wegen der eigentümlichen Ausnahmestellung, die es durch seine lang bewährte Autonomie und durch sein zähes Festhalten an alten Traditionen einnimmt, für die Verhältnisse der älteren Hochschulorganisation und ihre Wirkungen wohl besonders lehrreich. Ich gebe zunächst auf der beiliegenden Kurventafel eine Übersicht über die Gesamtbewegung der Immatrikulationen während der fünf

---

[2] Vgl. übrigens hinsichtlich der näheren Beschaffenheit der Matrikel G. Erler, Die Matrikel der Universität Leipzig, Bd. I, Einleitung.

Jahrhunderte. Es sind in dieser Kurve, um sie nicht allzu umfangreich zu gestalten, je fünf Jahre zu einem Mittelwert zusammengefaßt. Dieser Zeitraum ist einerseits klein genug, um die verschiedenen, zeitweise besonders charakteristischen Schwankungen nicht verschwinden zu lassen, und anderseits groß genug, um ganz zufällige unregelmäßige Bewegungen auszuschalten.[3]

Überblickt man zunächst den Verlauf dieser Kurve, deren Abszissen hiernach den Zeiten, die Ordinaten den Immatrikulationszahlen entsprechen, im ganzen, so machen sich zweierlei Gattungen von Perioden bemerklich. Die einen, denen das erste, 15. Jahrhundert und dann weiterhin das 18. samt der ersten Hälfte des 19. angehört, zeichnen sich durch einen verhältnismäßig ruhigen Gang aus. Dies findet teils darin seinen Ausdruck, daß die abwechselnden Maxima und Minima innerhalb der aufeinanderfolgenden Oszillationen nicht allzu sehr abweichen, so daß man eine der Abszissenlinie parallele Horizontale ziehen könnte, die annähernd die durchschnittliche Immatrikulationsfrequenz des ganzen Zeitraums zum Ausdruck bringen würde. Die Schwankungen innerhalb beider Perioden lassen sich nicht auf bestimmte Ursachen zurückführen. Sie mögen teils auf vorübergehenden lokalen Störungen, im 15. Jahrhundert besonders auf Heimsuchungen durch die Pest beruhen, die zuweilen Auswanderungen der Universität nach Grimma oder Meißen veranlaßten und natürlich hemmend auf den Zufluß der Scholaren einwirken mußten. Solche Auf- und Abbewegungen, meist in einer annähernd 10- bis 20jährigen Periode, zeigen sich aber auch, wie das Jahrhundert von 1509 bis 1609 erkennen läßt, innerhalb der stärkeren, lange Zeiträume umfassenden Frequenzänderungen. Man wird sie vielleicht auf das nämliche Gesetz beziehen dürfen, das wir noch heute, freilich mehr innerhalb der

---

[3] Nachdem das obige längst niedergeschrieben war, erhielt ich die Bogen der zum Jubiläum verfaßten Schrift von Prof. Franz Eulenburg über die Statistik unserer Universität, in welcher auf S. 3 ebenfalls eine Kurve der Immatrikulationsbewegungen von der Gründung an mitgeteilt ist. Da sich die folgenden Betrachtungen zumeist in andern Richtungen als die Eulenburgs bewegen, zum Verständnis derselben aber ein Gesamtbild der Immatrikalationsbewegung erforderlich ist, so teile ich trotzdem die, wie eben bemerkt, schon vor zwanzig Jahren entworfene Kurve mit, die sich übrigens, im Unterschied von der Eulenburgs, nicht bloß bis 1830, sondern bis 1908 erstreckt.

einzelnen Studiengebiete als in dem Gesamtzugang, auf die Berufswahl einwirken sehen: auf das Gesetz der Wechselwirkung von Angebot und Nachfrage, das natürlich für die gelehrten so gut wie für alle Berufe gilt. Ist z. B. der Vorrat an Philologen, den die Universität ausgebildet hat, zu groß, so daß die Kandidaten dieses Faches lange Zeit stellenlos bleiben, so pflegt dies natürlich abschreckend auf den Zugang zu diesem Studium zu wirken. Gerade bei dem akademischen Studium geschieht dies wegen der Freiheit der Berufswahl meist so lange, bis umgekehrt die Nachfrage schon wieder erheblicher geworden ist als das Angebot. Unter unsern gegenwärtigen Verhältnissen mit ihrer reichen Differenzierung der Studien pflegen sich diese Einzelschwankungen durch den vermehrten Zugang in andere Studiengebiete in der Gesamtfrequenz mehr oder minder auszugleichen. In einer Zeit, in der das Universitätsstudium noch ein mehr gleichförmiges war, mußte sich dieses Motiv auch in seinem Einfluß auf den größeren oder geringeren Zugang zum Studium im ganzen äußern.

Jene beiden Perioden des annähernd gleichförmigen Verlaufs der Immatrikulationsfrequenz, deren eine der Gründung unmittelbar folgt und deren andere ungefähr mit dem 18. Jahrhundert einsetzt, umschließen nun aber einen mittleren, wesentlich dem 16. und 17. Jahrhundert angehörenden Verlauf, der sich nahezu symmetrisch in eine mit dem 16. beginnende aufsteigende und eine mit dem 17. zusammenfallende absteigende Hälfte teilt, beide voneinander geschieden durch eine tiefe, von einigen rasch vorübergehenden Erhebungen unterbrochene Senkung zwischen den Jahren 1618 und 1648, die also ziemlich genau der Zeit des großen Krieges entspricht. Eine Art Vorbereitung zu der ersten, aufsteigenden Periode bildet der um die Wende der beiden ersten Jahrhunderte liegende, etwa zwanzigjährige Zeitraum (1498–1518), der das Maximum des bis dahin von der Hochschule erreichten Zugangs bezeichnet und zugleich durch die während seiner Dauer gleichförmige Erhaltung des Zuflusses auffällt. Man wird nicht fehlgehen, wenn man diese erste Blütezeit weniger der Hochschule selbst als der günstigen Lage der Stadt zuschreibt, die in diesem Zeitraum mit besonderer Macht ihre Attraktionskraft ausübte. Hier war 1480 die erste Buchdruckerei errichtet worden, der bald andere folgten, hier waren im Jahre 1497 die drei großen Messen durch besondere kaiserliche

Privilegien geschützt worden. Kein Wunder, daß in dieser rasch zu einem Zentralsitz des Büchermarktes sich entwickelnden Handelsstadt die studierende Jugend von allen Seiten zusammenströmte. Doch dieser erste Aufschwung dauert nicht lang. Von 1517 an beginnen die Immatrikulationen rapid zu fallen. Die reformatorische Bewegung zieht offenbar die wißbegierigen Scholaren nach dem nahen Wittenberg. Das Jahr der berühmten Disputation zwischen Luther und Eck 1519 bezeichnet den deutlichen Beginn dieses Niedergangs, der in den Jahren 1523 bis 1532 den größten Tiefstand erreicht. Von da an erhebt sich wieder die Kurve in der gewöhnlichen Form kleinerer periodischer Schwingungen, um bis zu einem abermaligen, alles Bisherige übertreffenden Maximum anzusteigen, das ungefähr mit dem Ende des 16. Jahrhunderts zusammenfällt. Es ist die Gewinnung jenes festen Besitzstandes unter Kurfürst Moritz (1541–53), der die Hochschule zur wohlhabendsten in Deutschland macht, und es ist zugleich der allgemeine wirtschaftliche Aufschwung der sächsischen Lande unter Moritz und seinem Nachfolger August (1553–86), der diese Blüte erklärlich macht. Von den kriegerischen Ereignissen der Zeit, den Kämpfen der ernestinischen und albertinischen Linie, dem schmalkaldischen Krieg wird dieser Aufschwung nicht merklich berührt. Zugleich lehrt aber dieser Verlauf eindringlich, wie wenig man aus einem solchen äußeren Aufschwung auf die innere Blüte einer Hochschule schließen darf. Gerade die Jahre, in denen der Zustrom der Immatrikulierten jedes bis dahin erreichte Maß übersteigt, die Jahre 1617–1619, fallen in die Zeit wissenschaftlichen Verfalls und scholastischer Erstarrung, die in der zweiten Hälfte des 16. Jahrhunderts einsetzt und im folgenden den großen Krieg überdauert. Schon beginnt aber hier eine andere Erscheinung hervorzutreten, die zum Teil in dieser und noch mehr in der folgenden Periode die Bedeutung der Immatrikulationsziffern in Frage stellt: das ist die Inskription der Minderjährigen, auf die wir unten zurückkommen werden.

Zwischen dem ersten aufsteigenden Teil dieses mittleren Verlaufs der Immatrikulationskurve und dem zweiten absteigenden, der dem 17. und der ersten Hälfte des 18. Jahrhunderts angehört, liegt nun als ein tief einschneidender Niedergang die Zeit des 30jährigen Kriegs. Sie bildet keinen gleichförmigen Tiefstand, sondern ist in unserer Kurve durch zwei starke, wenn auch nur sehr kurz dauernde Erhebungen unterbrochen. Sie fallen bemerkenswerterweise nicht etwa mit Zeiten des Nachlasses der Kriegswirren, sondern umgekehrt mit solchen Zeiten zusammen, in denen, wie zu Beginn des Kriegs und um die Jahre 1630 und folgende Mitteldeutschland und speziell Leipzig in besonderem Maße in Mitleidenschaft gezogen waren. Auch diese Erscheinung hängt, wie wir sehen werden, mit dem verstärkten Zustrom der Minderjährigen gerade in den Zeiten äußerster Gefährdung der persönlichen Sicherheit zusammen. Unmittelbar nach der Beendigung des Krieges setzt dann die zweite Hälfte dieses annähernd symmetrischen Kurvenverlaufs sofort mit dem Anstieg zu einem zweiten Maximum ein, welches etwa um 1679 erreicht wird und dessen Höhe abermals alle vorangegangenen Gipfelpunkte überragt: es ist wohl die natürliche Reaktion auf den vorangegangenen Verfall der gelehrten Studien, die sich hier äußert, ohne daß freilich auch diese Reaktion wieder mit einer besonderen Blütezeit der Universitätsstudien selbst verbunden wäre. Auch die Gründung der freier gerichteten neuen Hochschule in Halle unter der Mitwirkung der aus Leipzig vertriebenen großen Lehrer Thomasius und Francke hindert die Fortdauer dieses äußeren Aufschwungs nicht im geringsten. Erst der siebenjährige Krieg (1756 ff.), der besonders in seinem Beginn Sachsen stark in Mitleidenschaft setzte, macht sich durch eine tiefere Senkung bemerklich, die nun zugleich in die fernere, wieder in größerer Stetigkeit verlaufende Periode des endenden 18. und des beginnenden 19. Jahrhunderts übergeht. Zwei Unterperioden vermehrten Zustroms treten jetzt hervor. Die eine, etwas längere, von 1660 bis 1690 dauernd, steht wohl unter der Wirkung des um die Mitte des Jahrhunderts besonders in Leipzig herrschenden literarischen Lebens, das übrigens, wie es bei solchen geistigen Bewegungen nicht selten geschieht, auf den Zufluß zur Universität am stärksten da zu wirken begann, wo es selbst schon im Schwinden begriffen war. Das zweite viel kürzere Ansteigen gehört der Friedenszeit von 1820 bis 1848 an, in der wohl auf allen deutschen Universitäten der Zugang zum Studium zunahm. Ihm folgt dann in der Reaktionsperiode (von 1850–60) ein sehr gleichförmig anhaltender Rückgang, dem 1860–70 ein rasches und endlich von 1870 an jenes rapide Ansteigen folgt, an dem bekanntlich alle deutschen Universitäten, besonders aber die der Großstädte, teilgenommen haben. Kaum braucht darauf hingewiesen zu werden, wie von diesen Wandlungen der durch seine relative, wenn auch kurze Stabilität zwischen 1850 und 60 gekennzeichnete Rückgang in noch andern Erscheinungen der Reaktionszeit seine Parallelen findet: in dem uns aus der Lebensgeschichte hervorragender Persönlichkeiten bekannten Übergang zu praktischen Berufen, in dem Zuströmen der Jugend zu den technischen Hochschulen und zur kaufmännischen Laufbahn usw., Erscheinungen, mit denen wiederum das Aufkommen materialistischer und pessimistischer philosophischer Richtungen auf das engste zusammenhängt. Es ist, wie das hier der parallele Verlauf der Ordinaten zur Abszissenlinie sprechend andeutet, eine Zeit der Stagnation, in der sich mancherlei Künftiges vorbereitet, im ganzen aber eine skeptische Stimmung gegen den vorangegangenen übermächtigen Doktrinarismus vorwaltet, die, in die Reihen der Jugend vordringend, diese den praktischen und gewinnbringenden Beschäftigungen sich zuwenden läßt. Nicht minder bezeichnend ist es aber, wie der nun folgende politische Aufschwung dieses Bild völlig umkehrt und jenes Zuströmen zu den akademischen Studien veranlaßt, unter dessen überwältigendem Eindruck wir heute noch stehen.

Fassen wir schließlich die Ermittelungen über die Immatrikulationen der verschiedenen Perioden in einigen Zahlen zusammen, so ergibt sich zunächst als Gesamtzahl der Immatrikulierten in den fünf Jahrhunderten 1409–1908: **263 496.**

Davon kommen:

auf das erste Jahrhundert (1409–1508): 30 275,
auf das zweite Jahrhundert (1509–1608): 38 092,
auf das dritte Jahrhundert (1609–1708): 59 493,
auf das vierte Jahrhundert (1709–1808): 38 606,
auf das fünfte Jahrhundert (1809–1908): 96 636.

Von der letzteren Zahl kommen:

auf die erste Hälfte (1809–1858): 17 451,
auf die zweite Hälfte (1859–1908): 79 679,
davon auf die Jahre 1870–1908: 72 054.

Diese Zahlen legen zusammen mit den bei der Betrachtung unserer Kurve hervortretenden Verhältnissen die Erwägung dreier Einflüsse nahe, von denen man im allgemeinen vermuten darf, daß ihnen eine allgemeinere Bedeutung zukomme. Der eine besteht in den Veränderungen der Volkszahl und des allgemeinen Wohlstandes, die wir, weil sie beide stets eng aneinander gebunden sind, hier zusammenfassen dürfen. Der zweite bezieht sich auf die Zusammensetzung der Zahl der Immatrikulierten aus verschiedenartigen Elementen, deren Beziehung zur Hochschule eine abweichende Bedeutung besitzen kann. Hierbei kommen namentlich die Verhältnisse der alten Hochschule in ihrer Verbindung des Studium generale und der politischen Korporation in Betracht. Als Einflüsse dritter Art treten hierzu endlich die Beziehungen zu andern Schulen, die teils das Studium auf der Universität vorbereiten, teils mit ihm in Konkurrenz stehen können.

Daß unter diesen drei Einflüssen der erste, das Wachstum der Bevölkerung und ihres Wohlstandes, zu Zeiten eine wichtige Rolle spielt, ist natürlich nicht zu bezweifeln. Besonders an zwei Stellen in dem Gesamtverlauf unserer Kurve tritt das deutlich hervor: an dem starken Anstieg zu Ende des 16. Jahrhunderts und an dem rapiden, alle bisherigen Maße übersteigenden Wachstum von den Jahren 1860 und besonders von 1870 an. Aber daß dieses Moment in beiden Fällen das einzige sei, wird angesichts der zwischenliegenden Perioden in hohem Grade zweifelhaft. Hier zeigt insbesondere der enorme Anstieg in der zweiten Hälfte des 17. Jahrhunderts, daß der Zudrang zum Studium auch noch von Ursachen ganz anderer Art bestimmt sein kann. Wächst er doch in den entvölkerten und durch den vorangegangenen Krieg zum Teil in bittere Not geratenen Landen zuweilen zu einer Höhe an, die in den Zeiten des Wohlstandes lange nicht erreicht worden ist. Es mag eine Reihe von Ursachen sein, die hier im gleichen Sinne zusammenwirken: der Drang, die durch den Krieg gerissenen Lücken besonders in den gelehrten Berufen wieder auszufüllen, die unbegrenzte Möglichkeit des Fortkommens, die die freien Berufe dem Mittellosen bieten, endlich der durch natürliche Reaktion in einer kriegsmüden Bevölkerung erwachende Trieb nach den Künsten des Friedens. Welches unter diesen Motiven obwalten möge, sie alle sind von einem Wechselspiel der Affekte abhängig, in das die Bedingungen des materiellen Daseins nur durch die in Zeiten des Mangels besonders lebhaften Regungen der Hoffnung und Sorge eingreifen. Nach dem großen Krieg mag der völlig besitzlose, auf gut Glück in die Welt ziehende Schüler am ehesten noch hoffen, unter dem Schutz der Kirche oder des Staats sein Glück zu finden.

Wie sehr übrigens Motive, die von solchen direkten Anreizungsmitteln zum gelehrten Studium weit abliegen, den Zufluß zur Hochschule bestimmen können, dafür bietet die ältere Zeit einen augenfälligen Beleg in jener Zuwanderung von Kindern, die in manchen Jahren die Immatrikulationsziffern völlig illusorisch machen können. Bilden doch diese Kinder, die gerade in der Zeit ihres stärksten Zustroms offenbar nur in einem höchst äußerlichen Verband zur Hochschule stehen, zeitweise die große Majorität der Inskribierten, während diejenigen, die nach ihrem Lebensalter wirklich studiert haben können, beinahe verschwinden, so daß während ganzer Semester ein völliger Stillstand des Studiums eingetreten sein muß. Wahrscheinlich ist in Leipzig der Zustrom der Minorennen stärker als irgendwo sonst, woran teils die Lage in einem besonders häufig vom Krieg heimgesuchten Gebiet, teils auch die alte korporative Selbständigkeit der Universität beigetragen haben mag. Infolge dessen bietet nun aber das Album unserer Hochschule wohl auch die günstigste Gelegenheit, diese Erscheinung in ihrem Zusammenhang mit äußeren Bedingungen zu verfolgen. Zwei Erklärungen sind es, die man im allgemeinen für jenes Zuströmen der Minorennen zu geben versucht hat. Nach der einen, wohl verbreitetsten ist es eine unmittelbare Folge der reformatorischen Bewegung, die durch die Aufhebung zahlreicher Dom- und Klosterschulen die Zöglinge des höheren Studiums gewissermaßen obdachlos gemacht und sie gezwungen habe, schon vor der Grenze, wo sie das schwurfähige Alter erreicht, als das in der Regel das 14. Lebensjahr galt, die Universität aufzusuchen. Doch, mag auch hierin teilweise jenes Phänomen begründet sein, ganz gibt es darüber keine Rechenschaft. Denn abgesehen davon, daß gerade im Reformationszeitalter die von einzelnen Humanisten gegründeten Lateinschulen hier einen Ersatz schufen, sind es durchaus nicht die Zeiten, wo unmittelbar nach der Säkularisation der Kirchengüter die im höheren Unterricht gerissenen Lücken am stärksten fühlbar werden mußten, sondern es sind die späteren, in denen jene Lücken allmählich wieder ausgefüllt wurden, wo der Strom der Kinder zur Hochschule am stärksten wird. Noch weniger haltbar ist wohl die zweite Erklärung: nach ihr sei die vorzeitige Immatrikulation eine Maßregel

gewesen, durch die der künftige Student den Quälereien des sogenannten "Pennalismus" entgehen wollte, jenen scherzhaften Bräu-
chen gegenüber den Neulingen, von denen sich spärliche Reste
noch in unsere heutigen Studentenverbindungen gerettet haben,
und die in der barbarischen Sitte des 16. Jahrhunderts bisweilen zu
lebensgefährlichen Mißhandlungen ausarteten[4] . Abgesehen davon,
daß es sehr zweifelhaft ist, ob der in absentia Immatrikulierte damit
den tollen Begrüßungszeremonien entgehen konnte, wenn er wirklich eintraf und nachträglich seinen Schwur leistete, dieser Erklärung widersprechen auch die sonstigen Verhältnisse. Für die Zeiten
hoher Frequenz zu Ende des 16. Jahrhunderts konnte sie bei Einzelnen, die sich auf diese Weise gewissermaßen unbemerkt in die Korporation einschleichen wollten, allenfalls zutreffen, für die ersten
Jahrzehnte des 17., wo der größte Strom der Minorennen zu Zeiten
mit dem Mindeststand sonstiger Inskriptionen zusammenfällt, ist
dieses Motiv ausgeschlossen. Wie sollte das Dutzend älterer Studenten, das in den schwersten Kriegswochen wo möglich selber aus
der Stadt geflohen war, durch seine rohen Willkommssspäße einen
solchen Schrecken verbreitet haben, daß sich Hunderte von Kindern
zur Immatrikulation drängten, und dies gerade dann, wenn die
Bedrängnis durch die herankommenden Kriegshorden am größten
war? Hier ist es ganz augenfällig, daß es die Universität als politische Korporation ist, bei der man Schutz sucht. Ob der Schutz ein
sehr wirksamer gewesen sei, den diese privilegierte Korporation
bot, kann man ja bezweifeln. Jedenfalls standen ihr aber seit ihrer
Gründung verbriefte Rechte zur Seite, die ihre Mitglieder gegen die
Aushebung zum Kriegsdienst schützten. Wurden solche Privilegien
auch manchmal von werbenden und pressenden Führern der
Landsknechte wenig geachtet, der ruhige Bürger griff zu jedem
Mittel, das Aussicht auf Sicherstellung seiner Kinder gegen solche
Vergewaltigung bot. Übrigens begegnet uns noch im folgenden 18.
Jahrhundert in den Zeiten, wo in den deutschen Universitätsstädten
die Werbetrommel gerührt wurde, die nämliche Erscheinung: für
Halle wird sie durch ein Dekret Friedrich Wilhelms I. vom Jahre
1731 direkt bezeugt. In diesem Erlaß wird den Bürgern von Halle
ausdrücklich verboten, ihre Kinder bei der Universität einschreiben

---

[4] Eulenburg, Die Frequenz der deutschen Universitäten, S. 26.

zu lassen, um sie dadurch von der Werbung zu befreien[5] . Dazu war die Versicherungsprämie, die man in Gestalt der Inskriptionsgebühren an den Rektor zu zahlen hatte, mäßig genug; und die Universität selbst mochte sich in diesen knappen Zeiten, in denen die sonstigen regelmäßigen Einnahmen so oft ausblieben, diesen Nebenerwerb wohl gefallen lassen. Unsere Leipziger Matrikel bewahrt ein rührendes Zeugnis für den nicht geringen Wert, den die Rektoren in ihrer schweren Bedrängnis durch die Kriegsnot dieser Einnahmequelle beimaßen. Bis dahin hatte man in der Matrikel eines jeden Semesters zuerst die älteren Studenten, die "jurati", aufgeführt, und ihnen dann anhangsweise die Kinder als "non jurati" folgen lassen. Da entschloß sich ein Rektor, diese Ordnung umzukehren: er stellt die Schar der Kinder voran und läßt ihnen das bescheidene Häuflein derer, die den Schwur geleistet, folgen. Dies ist dann mehrere Jahre auch von den folgenden Rektoren beibehalten worden, bis die unverhältnismäßige Zuwanderung der Kinder wieder normaleren Verhältnissen Platz gemacht hatte.

In allen diesen Erscheinungen treten uns zugleich die deutlichen Spuren eines Bedeutungswandels entgegen, in dessen Verlauf das massenhafte Anwachsen der Kinderinskriptionen mit dem ihnen zu Grunde liegenden Motiv der persönlichen Sicherung durch die Korporation nur eine mittlere Zone bildet, der wesentlich andere Motive sowohl vorausgehen wie folgen. Die Verzeichnisse des 15. und des beginnenden 16. Jahrhunderts kennen nämlich den Begriff "non jurati" überhaupt noch nicht. Zum ersten Mal kommt er zwischen 1530 und 1540, aber zunächst nur als eine seltene Ausnahme vor, am frühesten, wie es scheint, in der "Natio polonica", der vornehmsten und reichsten der vier Nationen. Da findet sich z. B. gelegentlich ein bürgerlicher "juratus" zusammen mit zwei adeligen "non juratis" aus dem gleichen Ort: man darf wohl vermuten, daß hier ein adeliger Gutsbesitzer seine beiden Kinder mit ihrem Hofmeister, der sich selbst noch in den Wissenschaften weiterbilden sollte, während er die Söhne unterrichtete, nach Leipzig geschickt hat. Daneben mögen die jungen Leute vielleicht auch selbst schon einige Kollegia gehört haben. Später kommen dann allmählich Leipziger Bürger und Universitätsangehörige, die solchem Beispiel

---

[5] W. Schrader, Geschichte der Friedrichs-Universität zu Halle. 1894. 1, S. 349.

folgen. Es ist nicht unwahrscheinlich, daß besonders unter den letzteren der noch bis in späte Zeiten erhalten gebliebene Brauch, daß den Kindern die Matrikel schon in die Wiege gelegt wurde, aufkam. So mischen sich hier bereits zwei Motive: das eines vorzeitig beginnenden wirklichen Studiums solcher, die immerhin dem Schwuralter schon einigermaßen nahe standen; und das einer das ganze Leben umfassenden Zugehörigkeit zur Hochschule, das sich bereits auf die früheste Kindheit erstrecken kann. Schon in den Kriegen zu Ende des 16. Jahrhunderts, dann aber vor allem in einzelnen Epochen des 30jährigen Kriegs entwickelt sich endlich aus diesem Motiv der Zugehörigkeit das der Sicherung, womit sich nun die Sitte mehr und mehr auch von den Universitätsverwandten auf andere bürgerliche Kreise ausdehnt. Nachdem die Kriegsgefahr vorüber ist, zieht sich jene wieder auf ihren Ausgangspunkt, auf die Immatrikulation der Kinder einzelner Universitätsangehöriger, zurück. In dieser Form hat sie sich in Leipzig bis zum Jahr 1830 erhalten. An einigen andern deutschen Universitäten soll sie in der beschränkteren Form, daß das Kind, das einem Rektor während seines Amtsjahres geboren wird, von diesem immatrikuliert werden darf, bis in noch spätere Zeit fortbestanden haben. So greifen bei diesem merkwürdigen Bedeutungswandel der Kinderimmatrikulation abermals die zwei Momente des Studium generale und der Universitas als Korporation ineinander ein. Auf der einen Seite entspringt die Erscheinung aus der vorzeitigen Zulassung zum Studium. Auf der andern hat sie in dem Gefühl korporativer Zugehörigkeit ihre Quelle. Dieses gibt ihr zugleich ihre Dauer und läßt sie zu Zeiten aus jenem Schutzbedürfnis heraus, das Anlehnung an die privilegierte Korporation sucht, gesteigerte Formen annehmen.

Im Gegensatze zu diesem Schutz, den die korporative Selbständigkeit der Hochschulen gewährt, und der sich seiner Natur nach nur als ein vorübergehender und von dem Stadium als solchem gänzlich unabhängiger geltend macht, ist nun umgekehrt der dritte der oben erwähnten äußeren Einflüsse, das Verhältnis zu andern teils vorbereitenden, teils in Konkurrenz mit der Universität tretenden Schulen, durchweg ein dauernderer. Auch ist er nur dem Studium als solchem zugewandt, unabhängig von dem korporativen Charakter der Universität. In zwei einander entgegengesetzten Erscheinungen sehen wir ihn hervortreten: einerseits in dem relativ niedrigen Stand der Immatrikulationen im 18. und im Anfang des 19. Jahrhunderts; und anderseits in dem gewaltigen Aufschwung, den der Zugang zu den Studien im letzten Drittel des verflossenen Jahrhunderts genommen hat. Sicherlich würde man fehlgehen, wollte man annehmen, im Jahrhundert der Aufklärung sei die Neigung zu den gelehrten Studien selbst gegenüber dem vorangegangenen des großen Krieges geringer geworden. Vielmehr ist es wohl ein entgegengesetztes Motiv, das wir hier zur Wirkung gelangen sehen. Es ist die in dieser Zeit eintretende starke Zunahme der gelehrten Mittelschulen, die die Universitäten mehr und mehr entlasten, indem sie die Vorbereitung zu ihnen übernehmen. Blieb auch der Zugang zur Hochschule noch lange ein ungeregelter, so bildete sich doch im Anschluß an jene Vorbereitungsschulen von selbst die Gewohnheit aus, erst nach der Absolvierung eines Gymnasiums oder Pädagogiums zur Universität überzugehen. Dadurch verteilte sich aber nicht nur die Zahl der Aspiranten gelehrter Berufe auf eine größere Reihe von Jahren, sondern die größere Zahl jener, die aus irgend welchen Gründen die herkömmliche Gelehrtenlaufbahn frühzeitig unterbrachen, um in andere Berufe überzugehen, fiel nun der Gymnasial-, nicht der Universitätszeit zu. Dem gegenüber bietet endlich das enorme Anwachsen der Studierenden auf allen deutschen Hochschulen seit 1870 wiederum einen interessanten Beleg dafür, daß, wo die Erscheinungen unter einem so komplizierten Zusammenfluß äußerer und innerer Bedingungen stehen wie hier, übereinstimmenden Ursachen unter abgeänderten Umständen entgegengesetzte Wirkungen folgen können. Die Zahl der Mittelschulen, die ein Jahrhundert vorher den Zugang zur Universität zum Teil gehemmt hatten, ist seit 1870 enorm gewachsen, namentlich indem zugleich der Kreis dieser Schulen sich erweiterte. Aber jetzt hat im Gegenteil diese wachsende Möglichkeit einer Vorbereitung zur Hochschule einen der wichtigsten Faktoren gebildet, die sich an der Entstehung des neuesten Aufschwungs der Universitätsstudien beteiligten. Einen solchen Faktor bildet die Zunahme der Mittelschulen und ihrer zur Vorbereitung auf die Universität berechtigenden Gattungen in doppelter Weise: einmal insofern, als nach den neueren Studienordnungen die erweiterte Berechtigung eine unmittelbare Vorbedingung für den gesteigerten Zugang bildet, und sodann dadurch, daß die nach Zahl und Art vermehrten Vorbereitungsschulen zugleich ebenso viele Reize ausüben, die zahlreiche Bevölkerungselemente zu dem gelehrten Studium hinüberziehen, denen dies zuvor unmöglich oder sehr erschwert gewesen war. So sind hier die wachsende Zahl der Mittelschulen, der weitere Umfang und die größere Mannigfaltigkeit ihrer Formen und endlich der ungeheure Zudrang zur Hochschule Parallelerscheinungen, in denen ein über immer weitere Kreise des deutschen Volkes sich ausbreitendes Streben zum Ausdruck gelangt: das Streben nach höherer Bildung und nach einer durch sie vermittelten Hebung der gesellschaftlichen Stellung.

Die Leipziger Immatrikulationen in fünf Jahrhunderten

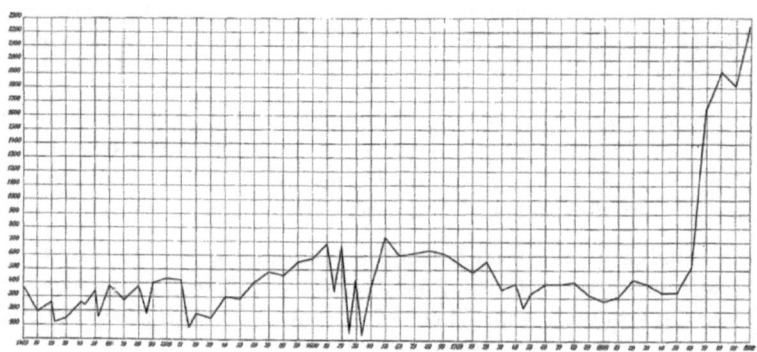

Verlag von Wilhelm Engelmann in Leipzig

 **tredition**®

Über tredition

Eigenes Buch veröffentlichen

tredition wurde 2006 in Hamburg gegründet und hat seither mehrere tausend Buchtitel veröffentlicht. Autoren veröffentlichen in wenigen leichten Schritten gedruckte Bücher, e-Books und audio-Books. tredition hat das Ziel, die beste und fairste Veröffentlichungsmöglichkeit für Autoren zu bieten.

tredition wurde mit der Erkenntnis gegründet, dass nur etwa jedes 200. bei Verlagen eingereichte Manuskript veröffentlicht wird. Dabei hat jedes Buch seinen Markt, also seine Leser. tredition sorgt dafür, dass für jedes Buch die Leserschaft auch erreicht wird.

Im einzigartigen Literatur-Netzwerk von tredition bieten zahlreiche Literatur-Partner (das sind Lektoren, Übersetzer, Hörbuchsprecher und Illustratoren) ihre Dienstleistung an, um Manuskripte zu verbessern oder die Vielfalt zu erhöhen. Autoren vereinbaren direkt mit den Literatur-Partnern die Konditionen ihrer Zusammenarbeit und partizipieren gemeinsam am Erfolg des Buches.

Das gesamte Verlagsprogramm von tredition ist bei allen stationären Buchhandlungen und Online-Buchhändlern wie z. B. Amazon erhältlich. e-Books stehen bei den führenden Online-Portalen (z. B. iBookstore von Apple oder Kindle von Amazon) zum Verkauf.

Einfach leicht ein Buch veröffentlichen: **www.tredition.de**

Eigene Buchreihe oder eigenen Verlag gründen

Seit 2009 bietet tredition sein Verlagskonzept auch als sogenanntes "White-Label" an. Das bedeutet, dass andere Unternehmen, Institutionen und Personen risikofrei und unkompliziert selbst zum Herausgeber von Büchern und Buchreihen unter eigener Marke werden können. tredition übernimmt dabei das komplette Herstellungs- und Distributionsrisiko.

Zahlreiche Zeitschriften-, Zeitungs- und Buchverlage, Universitäten, Forschungseinrichtungen u.v.m. nutzen diese Dienstleistung von tredition, um unter eigener Marke ohne Risiko Bücher zu verlegen.

Alle Informationen im Internet: **www.tredition.de/fuer-verlage**

tredition wurde mit mehreren Innovationspreisen ausgezeichnet, u. a. mit dem Webfuture Award und dem Innovationspreis der Buch Digitale.

tredition ist Mitglied im Börsenverein des Deutschen Buchhandels.

Dieses Werk elektronisch lesen

Dieses Werk ist Teil der Gutenberg-DE Edition DVD. Diese enthält das komplette Archiv des Projekt Gutenberg-DE. Die DVD ist im Internet erhältlich auf **http://gutenbergshop.abc.de**

Zeitfracht Medien GmbH
Ferdinand-Jühlke-Straße 7
99095 Erfurt, Deutschland
produktsicherheit@kolibri360.de